Das selbst gebaute Haus:
Rohbau

DIPL.-ING. RONALD MEYER

Das selbst gebaute Haus:
Rohbau

Eigenleistung beim Hausbau vom Erdaushub bis zum Dach

BLOTTNER FACHVERLAG · TAUNUSSTEIN

Für fachliche Beratung bedankt sich der Autor bei
Hans-Peter Bauer-Böckler, Waltraud Carsten, Paul-Heinz Diekmann, Daniela Henze,
Informations-Zentrum Beton, Dr. Hellwig Kamm, Felix Keitel, Wolfgang Kirch,
Rita Neumann, Hubert Trogemann, Heiko Scholz, Carsten Summer sowie bei den Firmen
Bauta, Deitermann, Hebel, Öko-domo, Porit, Schiedel, Ytong.

Für Mitwirkung, Information und Verständnis dankt der Autor
Alexander Battisti, Friedger Blaum, Peter Eckermann, Andreas Gräf, Annette Heidrich,
Wolfgang Hesemann, Claus-Jürgen Junglas, Gerhard Kammler, Johann Matthies, Michael
Neßlauer, Siegfried Nowak, Thomas Riester, Andreas Schendel, Ernst-Walter Wehner,
Andrea Wiechert-Meyer, Bernd Wieneke sowie bei Alexander, Ann-Kathrin und Florian.

Die Deutsche Bibliothek - CIP-Einheitsaufnahme

Meyer, Ronald:
Das selbst gebaute Haus: Rohbau :
Eigenleistungen beim Hausbau vom Erdaushub bis zum Dach /
Ronald Meyer. - 2. Auflage

Taunusstein : Blottner, 1999
ISBN 3-89367-602-3

Das Werk ist urheberrechtlich geschützt.

Die dadurch begründeten Rechte, insbesondere die der Übersetzung, des Nachdruckes, der
teilweisen Entnahme (von Textteilen, Tafeln, Tabellen, Abbildungen usw.) der Funksendung,
der Wiedergabe auf fotomechanischem oder ähnlichem Wege (Fotokopie, Mikrokopie) und
der Speicherung in Datenverarbeitungsanlagen, bleiben, auch bei nur auszugsweiser Verwertung, vorbehalten. Eine Vervielfältigung dieses Werkes oder von Teilen dieses Werkes ist auch
im Einzelfall nur in den Grenzen der gesetzlichen Bestimmungen des Urheberrechtsgesetzes
der Bundesrepublik Deutschland vom 09. September 1965 in der jeweils geltenden Fassung
zulässig. Sie ist grundsätzlich vergütungspflichtig.

Die Wiedergabe von Gebrauchsnamen, Handelsnamen, Warenbezeichnungen usw. in diesem
Werk berechtigt auch ohne besondere Kennzeichnung nicht zu der Annahme, daß solche
Namen im Sinne der Warenzeichen- und Markenschutz-Gesetzgebung als frei zu betrachten
wären und daher von jedermann benutzt werden dürfen.

Die Merkblätter am Schluß dieses Buches dürfen vergütungsfrei verwendet werden unter der
Voraussetzung der vollständigen Quellenangabe, wie sie bei jedem Merkblatt vermerkt ist.

Alle in diesem Buch enthaltenen Ratschläge und Informationen (z.B. Produktbeschreibungen,
Mengenangaben, Berechnungen usw.) sind sorgfältig erwogen und geprüft. Eine Garantie
hierfür kann jedoch nicht übernommen werden. Die Haftung von Autor und Verlag für Personen-, Sach- und Vermögensschäden ist ausgeschlossen.

Bildrechte, soweit nicht andere Quellen angegeben: Dipl.-Ing. Ronald Meyer, Darmstadt
Zeichnungen: Dipl.-Ing. Ronald Meyer, Darmstadt
Umschlaggestaltung und Layout: Werner G. Schur, Metzingen
Druck: Druckhaus Darmstadt GmbH, Darmstadt

© 1999, Blottner Fachverlag GmbH & Co. KG, D-65232 Taunusstein
ISBN 3-89367-602-3
Printed in Germany

DER INHALT

VORWORT   6
In kleinen Schritten sicher zum Ziel

ERDAUSHUB UND FUNDAMENTE   8

Die Vermessung	10
Die Baugrube	13
Die Grundstücks-Entwässerung	13
Die Streifenfundamente	16
Die Fundamentplatte	18

DER ROHBAU AUS PORENBETON   22

Anlegen der ersten Steinschicht	24
Das Kellermauerwerk	26
Ringbalken in der Kelleraußenwand	32
Stürze über Fenstern und Türen	34
Die Kellerdecke	36
Die Kellertreppe	42
Abdichtung der Kelleraußenwand	46
Drainage und Lichtschacht	48
Das Erdgeschoßmauerwerk	50
Säulen und Stützen	52
Die Rolladenkästen	54
Die Erdgeschoßdecke	56
Das Dachgeschoßmauerwerk	62

DER ROHBAU AUS SCHALUNGSSTEINEN   64

Die Kellerwände	66
Die Kellerdecke	72
Abdichten der Außenwand	72
Die Erdgeschoßwände	74
Die Erdgeschoßdecke	76
Die nichttragende Gipswand	78
Die Dachgeschoßwände	80

DER ROHBAU AUS PLANZIEGELN   82

Der Keller	84
Das Erdgeschoß	88
Das Dachgeschoß	89

DACH UND SCHORNSTEIN   90

Der Holzbalkendachstuhl	92
Unterdach und Lattung	94
Die Regenrinne	96
Die Dacheindeckung	98
Gaube und Dachflächenfenster	100
Das Massivdach	102
Der Schornsteinbau	106

DER ROHBAU AUS GROSSBLOCK-ELEMENTEN   112

Systeme für den Wohnhausbau	114
So war's bei Familie Eckermann	116

MERKBLÄTTER   120

Merkblatt Stahlbeton (I)	120
Merkblatt Stahlbeton (II)	121
Merkblatt Mauerwerk (I)	122
Merkblatt Mauerwerk (II)	123
Merkblatt Mauerwerk (III)	124
Merkblatt Dach	125

STICHWORTVERZEICHNIS   126
Wo finde ich was?

In kleinen Schritten sicher zum Ziel

Ein Selbstbauer errichtet in 1000 Stunden den Rohbau für sein Traumhaus. Ein trainierter Jogger läuft in 1000 Stunden gut und gerne 10000 Kilometer. Das entspricht fünfmal der Strecke von Flensburg bis zum Bodensee: hin und zurück. Eine Supermarkt-Kassiererin rechnet in 1000 Stunden etwa 20000 randvolle Einkaufswagen ab. Alles das sind zwar großartige, keinesfalls jedoch unmögliche Leistungen. Vorausgesetzt: Man ist gut vorbereitet und besitzt ausreichend Durchhaltevermögen.

Der Jogger läuft seine 10000 Kilometer nicht am Stück. Er käme sehr schnell aus der Puste. Der Hausbau in eigener Regie funktioniert genauso: Man setzt einen Fuß vor den anderen und legt hin und wieder eine Pause ein. In kleinen Etappen geht's vorwärts. So gelangt man sicher zum Ziel. Wer die Bildfolgen in unseren Arbeitsanleitungen genau studiert, merkt sofort, daß die einzelnen Schritte weder kompliziert noch schwierig sind. Oft genügt das berühmte „gewußt wie". Das beginnt mit dem Markieren der Hausecken auf dem Grundstück. Den Umgang mit Maßband und Nivelliergerät lernen Sie schnell. Schlagen Sie am besten gleich mal nach. Na, hätten Sie vermutet, daß sich hinter einer so kompliziert klingenden Bezeichnung (Nivelliergerät) ein Werkzeug verbirgt, das jedermann bedienen kann?

Natürlich gibt es auch Arbeiten, die den Selbstbauer überfordern würden. Das Aufrichten des Dachstuhls zum Beispiel. Dafür gibt es Fachleute, die Ihnen helfen. Doch die traditionellen Rohbauarbeiten vom Betonieren der Fundamente bis zum Errichten des Mauerwerks sind für Do-it-yourselfer kein Problem. Zumindest dann nicht, wenn man sich für ein Selbstbaufreundliches Baukastensystem aus Porenbeton, Planziegeln oder Schalungssteinen entschieden hat. Zugegeben: Auch bei einem noch so ausgeklügelten Bausystem kommt man nicht immer um verzwickte Detail-Lösungen herum. Aber wie man auch hartnäckige Knackpunkte aus dem Weg räumen kann, sehen Sie auf den Fotos unserer Baubeschreibungen. Sie erkennen, wie Wände miteinander verbunden werden und wie man Installationsschlitze schon im Rohbau vorbereitet. Wie muß ein Auflager für Fertigteildecken aussehen? Wie wird die Bewehrung über Tür- und Fensterstürzen fachgerecht eingebaut? Wie wird ein Dach gedeckt? Sie finden nicht nur alle Antworten auf diese Fragen, sondern Sie erkennen auch, daß vieles, was zunächst kompliziert klingt, im Grunde ganz einfach ist: wenn man die Arbeit in lauter kleine, überschaubare Handgriffe zerlegt.

Massiv gemauert mit Porenbeton, dem optimalen Selbstbau-Material.

Viele Bauherren fürchten sich vor dem ersten großen Schritt: dem Bau der Fundamente. Dabei können bereits dort innerhalb weniger Tage bis zu 10000 Mark durch Eigenleistung eingespart werden. Diese lukrative Do-it-yourself-Arbeit soll-

Die Alternative zum Mauerwerk: Schalungssteine zum Ausbetonieren sparen Kraft.

Vorwort

Keine Angst vorm ersten großen Schritt: Beim Bau der Fundamentplatte lassen sich durch Eigenleistung bis zu 10 000 Mark einsparen. Wer dennoch Bedenken hat, sollte auf einer anderen Do-it-yourself-Baustelle mitarbeiten und seine Fähigkeiten testen.

Der selbstgebaute Quadratmeter Wohnfläche kostet nicht viel mehr als 1 000 Mark. Wer mit Engagement ans Werk geht, opfert zwar Freizeit, schlägt aber alle anderen Sparkonzepte um Längen und braucht auf Wohnkomfort nicht zu verzichten.

ten Sie sich also nicht entgehen lassen. Vielleicht haben Sie die Möglichkeit, den Bau von Fundamenten schon vorher einmal zu erleben: beim künftigen Nachbarn im Neubaugebiet oder bei Freunden, die ihre Bauwünsche ein wenig früher als Sie in Angriff genommen haben. Immer wieder werden Sie feststellen, daß der „Feind" berechenbarer wird, wenn man ihn erst einmal kennengelernt hat. Ärgerlich wäre nur, wenn Sie beim Betonieren von Decken und Stürzen das Gefühl nicht loswerden, daß Sie die Fundamente wohl auch geschafft hätten. Nur dann ist es leider zu spät.

Sammeln Sie also möglichst frühzeitig Bau-Erfahrung in jenen Bereichen, die Sie sich noch nicht so ganz selbst zutrauen. Eignen Sie sich auch so viel wie möglich theoretisches Wissen an. Doch Vorsicht: Wenn Sie drei Experten befragen, bekommen Sie oft drei unterschiedliche Antworten zu hören. Und am Schluß wissen Sie überhaupt nicht mehr, was Sie noch glauben können. Fordern Sie von allen Beratern Beweise für ihre Aussagen. Warum ist das Material so gut? Welche Vorteile haben Sie davon? Wer hat bereits Erfahrungen damit gesammelt, und wie kommt diese oder jene Berechnung zustande? Sie werden Halbwahrheiten schnell enttarnen.

Doch eines brauchen Sie nicht anzuzweifeln: Daß Sie nämlich pro Quadratmeter Wohnfläche nur etwas mehr als 1 000 Mark investieren müssen. Das glauben Sie nicht? Dann nehmen Sie doch mal Ihre Materialkalkulation ab Oberkante Kellerdecke (ohne Grundstückskosten) zur Hand und teilen Sie die Summe durch die geplanten Quadratmeter. Wenn Sie wirklich weitgehend Ihr gesamtes Haus in eigener Regie erstellen, wird Sie das Ergebnis beflügeln. Aber, so werden Sie jetzt einwenden, was soll dann das jahrelange Debattieren von Politikern und Sachverständigen, die den Quadratmeter Wohnfläche auf 2 000 Mark drücken wollen (ab Oberkante Kellerdecke, ohne Grundstück)? Wenn's doch so einfach ist, die selbstgesetzte Kostengrenze sogar noch deutlich zu unterschreiten. Die Antwort ist kurz und bündig: Selbstbauer schwingen keine großen Reden. Sie schwingen lieber Hammer, Schaufel und Maurerkelle. Fangen wir also gleich damit an.

Viel Erfolg und gutes Gelingen wünscht
Dipl.-Ing. Ronald Meyer

IHR HAUS BEKOMMT SOLIDE FÜSSE

Spätestens jetzt sollten Sie in Ihren Fotoapparat einen frischen Film einlegen. Drücken Sie ab und zu auf den Auslöser und dokumentieren Sie alle wichtigen Stationen Ihres Hausbaus vom „ersten Spatenstich" bis zum Einzug. Das ist später mehr als nur eine schöne Erinnerung. Denn vielleicht können Sie mit Ihrem Fotoalbum Freunden und Verwandten ebenfalls Mut zum Selbstbauen machen. Kein Ereignis, ob Sonnenschein oder Regenschauer, werden Sie vergessen haben, wenn Sie mit berechtigtem Stolz über Ihre Bauzeit berichten, die jetzt noch vor Ihnen liegt: „Angefangen hatte alles mit dem Vermessen des Grundstücks und mit dem Markieren der Hausecken." Wie man dort bereits mit eigenem Engagement das Baugeldkonto schonen kann, steht auf den folgenden Seiten. Sogar die Käufer von Fertighäusern können bei der Bauwerksgründung und beim Bau des Kellers die Kosten durch Eigenleistung spürbar reduzieren. Mit den richtigen Fachleuten und mit einigen Vorkenntnissen nimmt jeder Bauherr die ersten Hürden. Und sobald die Fundamente betoniert sind, wächst nicht nur das Haus – sondern auch das Selbstvertrauen.

Wer sich selber eine Grube gräbt ...

... hat wenig Spaß dabei. Denn die Erdarbeiten sind nichts für Selbstbauer. Da muß eine Firma ran. Bevor der Bagger anrollt, markiert man die Ecken des künftigen Gebäudes auf dem Bauplatz. Diese Arbeit kann man in eigener Regie erledigen.

Bei Ihren Do-it-yourself-Vermessungsarbeiten kommt es auf ein paar Zentimeter nicht an. Schließlich wird die Baugrube ebenfalls nicht haargenau nach Plan ausgehoben. Arbeiten Sie aber trotzdem so sorgfältig wie möglich. Um die Gebäude-Eckpunkte markieren zu können, braucht man als erstes die Grenzsteine. Die Positionen dieser festgelegten Geländepunkte sind im amtlichen Lageplan (Maßstab „1:500" oder „1:1 000") dargestellt. Gehen Sie nun auf die Suche nach den Grenzsteinen, die im Laufe der Jahre von Humus und Pflanzen überwuchert sein können. Falls Sie nicht fündig werden, muß der Vermesser helfen, der dann eventuell sogar neue Grenzsteine setzt. Von den Grundstücksgrenzen werden die rechtwinkligen Abstände zum geplanten Haus ausgemessen. Die Maße stehen auch im amtlichen Lageplan.

Sobald Sie die erste Hausecke „gefunden" haben, schlagen Sie an dieser Stelle einen Holzpflock in den Boden. Nun messen Sie alle weiteren Distanzen, bis alle wichtigen Gebäudepunkte (dazu gehören auch Erker-Ecken) im Gelände sichtbar sind. Holzpflöcke mit roter Farbe deutlich kennzeichnen. Achtung: Alle Meßtätigkeiten leben von der Kontrolle. Fertigen Sie einen Plan mit Kontrollmaßen an.

○ Kontrolle 1: Das Grundstück ist zum Beispiel 15,70 Meter, das Gebäude 9,61 Meter breit. Der Grenzabstand beträgt auf der einen Seite 3,00 Meter, auf der anderen Seite 3,09 Meter. Gemessen wird zunächst die Distanz von der einen Grenze zum Gebäude (3,00 Meter). Dann wird die Hausbreite im Gelände festgelegt. Beträgt nun der Abstand zur gegenüberliegenden Grundstücksgrenze keine 3,09 Meter, liegt ein Fehler vor, der korrigiert werden muß.

○ Kontrolle 2: Sobald die Hausecken feststehen, überprüft man noch die Längen der Gebäudediagonalen.

Übrigens: Bei großen Geländedistanzen ist ein langes Maßband (etwa 25 Meter) von Vorteil. Den Bauplatz mit einem Zollstock zu vermessen, ist zu mühsam. Bei Hanglagen bitte immer waagerecht messen, nie parallel zur Geländeneigung.

Hanggrundstücke werden mit dem Nivelliergerät vermessen

Sehr steile Bauplätze werden mit einem Nivelliergerät vermessen. Das geht ganz einfach. In der Mitte des Grundstücks wird auf einem Stativ das Meßinstrument genau waagerecht in Position gebracht. Dabei hilft die eingebaute „Libelle". Nun stellt man auf einen Grenzstein eine Meßlatte (senkrecht halten!) und peilt diese mit dem Nivelliergerät an. Hat man die Meßlatte im Sucher, wird die Bildschärfe eingestellt und der Wert abgelesen (Beispiel: 2,510 Meter). Halten Sie dann die Meßlatte über einen weiteren Grenzstein und lesen Sie dort nach dem gleichen Verfahren den Meßlattenwert ab (Beispiel: 1,506). Die Höhendifferenz der beiden Grenzsteine beträgt genau 1,004 Meter. Nach diesem Prinzip können Sie den gesamten Bauplatz vermessen. Wichtig: alle Punkte maßstabsgetreu im Plan kennzeichnen und alle

Die Vermessung

Im amtlichen Lageplan sind die Grenzsteine und die genaue Position des Hauses eingezeichnet.

Nun suchen Sie die Grenzsteine, die im Laufe der Jahre von Pflanzen überwuchert sein können.

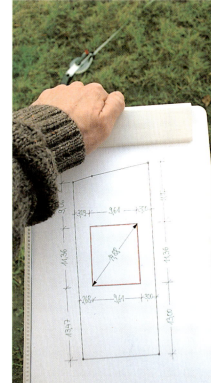

Die Abstände zu den Grundstücksgrenzen überträgt man auf eine separate Skizze.

Mit einem Maßband werden die Abstände von der Grundstücksgrenze zu den Hausecken gemessen.

Sobald eine Hausecke „gefunden" ist, kennzeichnet man sie mit einem Holzpflock.

Der Höhenverlauf von Hanggrundstücken wird mit dem Nivelliergerät vermessen. Zunächst Stativ …

… aufstellen und das Meßinstrument mit der „Libelle" waagerecht ausrichten.

WISSENSWERT

Bauplätze sind nicht immer die idyllische Wiese im Neubaugebiet. Für viele ist ein Grundstück mit Abrißhaus die einzige Chance, zu einem eigenen Fleckchen Erde zu gelangen. Dazu muß man

wissen: Der Abriß eines Gebäudes muß behördlich genehmigt werden. Und die Abbrucharbeiten selbst sollte man nur mit einer Fachfirma durchführen. Ein anderes Problem haben Bauherren, die in „zweiter Reihe" bauen: zum Beispiel im Garten der Eltern. Kommen Bagger und Materiallieferanten auch wirklich bis an die Baugrube heran?

Nun wird die Meßlatte angepeilt. Um den Wert ablesen zu können, muß man die Bildschärfe …

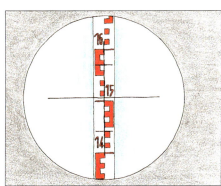

… regulieren. Den abgelesenen Wert (hier 1,506 Meter) in einen Plan übertragen.

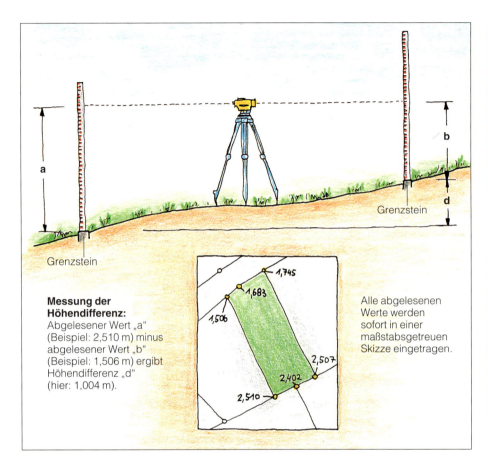

Messung der Höhendifferenz:
Abgelesener Wert „a" (Beispiel: 2,510 m) minus abgelesener Wert „b" (Beispiel: 1,506 m) ergibt Höhendifferenz „d" (hier: 1,004 m).

Alle abgelesenen Werte werden sofort in einer maßstabsgetreuen Skizze eingetragen.

Die Baugrubengrenzen sind markiert: Der Mutterboden wird abgeschoben und separat gelagert.

Der Aushub der Baugrube gehört in Profi-Hände: Selbermacher vergeuden hier unnötig Kräfte.

abgelesenen Werte sofort eintragen. Hinweis: Bei gleichförmiger Grundstücksneigung braucht man wenige, bei einer wild strukturierten Topographie braucht man entsprechend viele Meßpunkte, um einen Geländeschnitt zeichnen zu können. In dieser Skizze kann sehr genau die Lage des Gebäudes auf dem Bauplatz festgelegt werden. Und man hat jetzt wichtige Bezugspunkte im Gelände, mit denen man später die Tiefe der Baugrube bestimmen kann. Übrigens: Viele Bausatzhaus-Anbieter verleihen Nivelliergeräte.

Achtung: Kaum haben Sie Ihr Haus abgesteckt, kommt auch bei Ihnen der Zeitpunkt, an dem Sie sich fürchterlich erschrecken. Das Haus ist viel zu klein! Im Verhältnis zum Grundstück und zur weiteren Landschaft ist Ihr Haus wirklich winzig. Doch keine Angst: Schränke und Betten werden hineinpassen.

Weiter gehen die Meßarbeiten. Jetzt wird der Abstand zwischen Baugrubengrenze und Hausflucht (Außenseite der Außenwände) festgelegt. Dieser errechnet sich aus Arbeitsraumbreite (mindestens 50 Zentimeter) plus Böschungsbereich (50 Zentimeter bis zwei Meter: je nach Bodenart und Grubentiefe). Vorgeschriebene Böschungswinkel: bei Sand und Kies 45 Grad, bei Ton und Lehm 60 Grad und bei Fels 80 Grad. Tip: Schnitt durch die Baugrube anfertigen und den Böschungsbereich ablesen. Kennzeichnen Sie nun die Baugrubenränder mit rotweißem Band.

Ihre mühevoll abgesteckten Hausecken gehen bei den Ausschachtungsarbeiten leider wieder verloren. Da hilft das Schnurgerüst, das außerhalb der Baugrube plaziert wird: An jeder Ecke montiert man einen rechten Winkel aus Brettern und Pfosten. Die Standfestigkeit des Schnurgerüsts wird durch solide Holzpfosten bestimmt (zum Beispiel Kanthölzer mit Querschnitt zehn mal zehn Zentimeter). Diese Balken müssen so tief eingegraben werden, daß sie den rohen Bau-Alltag überstehen. Abstand zum Baugrubenrand: rund 50 Zentimeter. Von den Pfosten sollte etwa ein Meter sichtbar bleiben. Bei Hanggrundstücken darauf achten, daß alle Pfosten so weit aus dem Boden ragen, daß die Schnüre später weitgehend waagerecht liegen. Die talseitigen Pfosten, die oft viel höher als ein Meter sind, sollte man diagonal aussteifen. Tip: Die horizontalen Bretter anschrauben, nicht nageln. So vermeidet man ungesunde Erschütterungen der Konstruktion. Die notwendige Länge der waagerechten Bretter bestimmen Sie am besten mit Hilfe einer Skizze. Es muß möglich sein, die Verlängerung der Hausfluchten daran zu markieren.

Bevor der Baugrubenaushub beginnt, sollten Sie sich beim bisherigen Grundstückseigentümer oder bei der zuständigen

---

DER SPAR TIP

Üblich ist, daß vor dem Erdaushub der Vermessungs-Ingenieur am Schnurgerüst Markierungen anbringt, mit denen die zukünftigen Hausfluchten vorgegeben werden. Diese wichtigen Punkte werden aber oft vom Bagger zerstört, so daß der Vermesser ein zweites Mal anrücken muß. Es kann also billiger sein, die Hausecken zunächst selbst abzustecken. Die exakte Kennzeichnung des Gebäudes erfolgt nach Fertigstellung der Baugrube.

Bauverwaltung erkundigen, ob dort, wo später einmal Ihr Keller sein soll, bereits Versorgungsleitungen liegen. Ist dies der Fall, müssen Sie die Erdarbeiten äußerst vorsichtig angehen. Übrigens: Spätestens jetzt müssen Sie bei genehmigungspflichtigen Baumaßnahmen die behördliche Genehmigungsurkunde sichtbar aufhängen.

Der Aushub der Baugrube ist kein Job für Do-it-yourselfer

Lassen Sie Schaufel und Schubkarre dort, wo sie sind! Wer sich dennoch nicht bremsen kann, sollte zunächst nur den ersten Akt in Angriff nehmen: das Abschieben des Mutterbodens mit einem kleinen Radlader (obwohl diese Arbeit von Profis ohne großen Kostenaufwand viel schneller erledigt werden kann). Um später für den Gartenbau gute Erde übrig zu haben, wird die Humus-Schicht (meist 10 bis 20 Zentimeter dick) vor dem eigentlichen Erdaushub abgetragen und in einer abgelegenen Ecke des Grundstücks separat gelagert. Die Humus-Hügel dürfen aus Rücksicht auf die Lebewesen im Boden nicht höher als zwei Meter sein. Entfernen Sie auch in den Bereichen der Baustraße und der Material-Lagerplätze den wertvollen Boden.

Selbst die eifrigsten Selbstbauer werden schnell merken, daß man mit dem kleinen Erdbaugerät nur mühsam vorankommt. Ob sich der weitere Baugrubenaushub auf diese Weise wirklich lohnt? Wie löst man das Problem mit der Baugrubentiefe, wie stellt man eine waagerechte, saubere Sohle her? Die meisten Erdbau-Firmen brauchen nur einen festen Bezugspunkt im Gelände (Markierung an einer Wand, Gullydeckel), um mit dem Nivelliergerät die Ebene der Baugrubensohle bestimmen zu können. Es ist auch möglich, horizontale Schnurgerüstlatten als Höhenmaß zu verwenden. Ein Visierkreuz mit Querlatte signalisiert dann, ob die gewünschte Baugrubentiefe erreicht ist.

Wichtig: Außerhalb der Baugrube muß ein lastfreier Streifen bleiben. Die Mindestbreite beträgt 60 Zentimeter. Dort darf weder Aushub noch Baumaterial gelagert werden. Sonst droht Abbruchgefahr. Und noch etwas muß man wissen, bevor der Bagger kommt: Wieviel Kubikmeter Erde müssen bewegt werden? Berechnen Sie das Volumen der Baugrube und multiplizieren Sie diesen „festen" Boden mit einem Auflockerungsfaktor. Bei Fels be-

Der Bau des Schnurgerüsts beginnt mit dem Setzen der Pfosten.

Als nächstes werden die horizontalen Bretter mit Schrauben befestigt.

Man kann das Schnurgerüst auch nach dem Aushub auf der Baugrubensohle aufstellen.

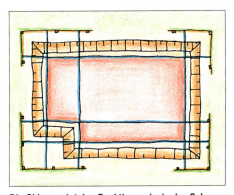
Die Skizze zeigt das Funktionsprinzip des Schnurgerüsts: Die Schnittpunkte sind die Hausecken.

trägt er 2,0, da Felsbrocken nach dem Aushub fast das Doppelte ihres Ursprungsvolumens benötigen. Faktor für Sand und Mutterboden: 1,2 bis 1,3. Für kiesige Böden: 1,4. Lagern Sie soviel wie möglich auf dem Grundstück, und benutzen Sie die Erdmassen später zur Gartengestaltung. So sparen Sie Transportkosten und Deponiegebühren. Übrigens: Wenn Erdmassen abtransportiert werden müssen, gehört dieses Gewerk ohne Diskussion in professionelle Hände. Die Koordination zwischen Bagger und Lkw ist nichts für Laien.

Nach den Erdarbeiten kommt der Vermesser und bringt die Markierungen am Schnurgerüst an. Seine Adresse bekommen Sie vom Selbstbau-Partner (Baustoffhändler, Bausatzhaus-Anbieter) oder vom Architekten. Nun können Sie die Schnüre spannen: Die Schnittpunkte zeigen exakt die Hausecken an. Die Schnüre müssen so aufgelegt werden, daß sie sich in den Kreuzpunkten nicht berühren. Achtung: Das Schnurgerüst darf nun nicht mehr Opfer heftiger „Rohbau-Attacken" werden!

Jetzt sollte man die Tragfähigkeit der Baugrubensohle prüfen. Hat der Boden die Eigenschaften, die in der statischen Berechnung gefordert werden? Wenn der Bauleiter oder der Selbstbau-Partner keine genaue Beurteilung abgeben kann, sollte man einen Bodengutachter beauftragen. Der kann relativ schnell eine sichere Aussage machen und die Fundamente eventuell umrechnen. Die Investition sollte man nicht scheuen, denn das Haus soll ja auf soliden Füßen stehen.

Noch ein freundschaftlicher Rat: Falls Sie Ihr Haus in einem bestehenden Wohngebiet errichten, werden Bagger und Lastwagen die Wohnstraßen verschmutzen. Kümmern Sie sich nach Feierabend darum, daß die Straßen wieder sauber sind. Die Nachbarn werden es Ihnen danken.

Beim Verlegen der Haus-Entwässerung auf das Gefälle achten!

Vor dem Betonieren der Fundamente muß man die Abwasserrohre in der Baugrube verlegen. Diese Arbeit kann später nicht mehr nachgeholt werden. Selbst wenn die Sohle des Straßenkanals über dem geplanten Kellerfußboden liegt, baut man zumindest die Kellerbodenabläufe unterhalb der Bodenplatte ein. Später pumpt eine Hebeanlage das Kellerabwasser so weit hoch, daß es in den Straßenkanal abfließen kann.

Die Entwässerung der oberen Geschosse erfolgt dann durch die Kellerwand. Achtung: Der Lieferant der Hebeanlage sagt, wie groß ein eventueller Schacht in der Bodenplatte sein muß!

Studieren Sie nun den Entwässerungsplan. Er informiert darüber, ob das Abwasser im Misch- oder Trennsystem entsorgt wird. Beim Mischsystem gibt es für Regen- und Schmutzwasser (häusliches Abwasser) nur einen gemeinsamen Anschluß an den öffentlichen Kanal. Das Abwasser gelangt zunächst in die Kläranlage, später in ein Gewässer. Beim Trennsystem wird das Regenwasser direkt in ein Gewässer geleitet, während das Schmutzwasser zuvor zu einer Kläranlage fließt. Wichtig: Anschlüsse nicht verwechseln.

Verlauf, Lage, Querschnitt und Gefälle aller Grundleitungen sind ebenfalls im Entwässerungsplan eingezeichnet. Diese Angaben müssen bei der Montage eingehalten werden. Ein Gefälle von zwei Prozent (alternative Schreibweise „1:50") bedeutet, daß Rohrgraben und Leitung pro Meter um zwei Zentimeter fallen müssen. Unsauberes Verlegen der Rohre kann Schäden verursachen (Rohrverstopfung). Ganz unangenehm wird es, wenn der Kanal nicht fällt, sondern steigt. Dann fließt von Anfang an kein Tropfen Wasser ab.

Beim Schaufeln der Leitungsgräben bitte berücksichtigen, daß um die Rohre herum Platz für ein Sandbett bleibt. Es schützt den Strang vor Steinen, die im ungünstigsten Fall das Rohr beschädigen. Achtung: Die Grundleitungen frostfrei verlegen. Innerhalb des Gebäudes ist das kein Problem. Aber außerhalb, in der Nähe von Kellerzugängen oder wenn das Rohr durch die Kellerwand nach außen geführt wird, muß die Erdüberdeckung mehr als hundert Zentimeter betragen.

Nun wird die Rohrbettung mit Sand vorbereitet, den man in den Graben einbringt und mit einem kräftigen Kantholz verdichtet. Die Schicht sollte mindestens fünf Zentimeter dick sein. Anschließend werden die Rohre verlegt. Wichtig: am Straßenkanal beginnen. Oft bereitet es gewisse Schwierigkeiten, große Querschnitte zusammenzufügen. Auf keinen Fall darf die Gummidichtung weggelassen werden. Um die Arbeit zu erleichtern, streicht man das Rohrende mit einem Gleitmittel ein. So lassen sich die Teile auch noch eine kurze Zeit bewegen und eventuell auch korrigieren. Verwenden Sie unter der Bo-

Bodenverbesserung

Die Kenntnis des Bodens ist für den Erfolg der Bauarbeiten sehr wichtig. Doch was sich unter dem unberührten Bauplatz verbirgt, weiß man anfangs noch nicht. Viele Statiker nehmen zunächst einfach einen mittleren Erfahrungswert an, auf dem sie dann die Statik aufbauen. Wer keine Überraschungen erleben möchte, sollte vor dem Erdaushub ein Bodengutachten erstellen lassen (noch besser: vor dem Grundstückskauf). Falls nämlich die Bau-

grubensohle weich und wenig tragfähig ist (Bild oben), muß man handeln. Oft hilft eine Bodenverbesserung in Form einer Kies- oder Schotterschicht (Bild Mitte), die man sich von Fachleuten einbauen läßt. Was jedoch so einfach aussieht, kann zu einer kostspieligen Angelegenheit werden.
Noch eine ganz andere Folge kann die Unkenntnis der Baugrundverhältnisse mit sich bringen: Ist die Baugrubenwand zu steil abgeböscht, droht Einsturzgefahr. Glück gehabt, wenn keine Personenschäden zu beklagen sind (Bild unten).

denplatte und im Erdreich nur die stabilen orangen oder rotbraunen KG-Rohre (Kanal-Grundleitung). Die grauen HT-Rohre (hoch-temperaturbeständig) verlegt man innerhalb des Hauses.

Rohre werden mit einer feinzahnigen Säge gekürzt: Schnittkante mit Schleifpapier entgraten und ein wenig abrunden. So rutscht das Rohr leichter ins nächste. Beim Zusammenfügen dürfen Sie die Sandbettung nicht verändern. Das Gefälle muß erhalten bleiben. Achtung: Damit die Rohre später auch Temperaturschwankungen schadlos überstehen, dürfen sie nicht bis zum Anschlag zusammengeschoben werden. Es sollte etwa ein Zentimeter Spiel in jeder Verbindung bleiben. Die fertig verlegten Grundleitungen werden mit Sand, den man gut verdichtet, voll abgedeckt.

Dort, wo aus der waagerechten Abwasserleitung ein senkrechtes Fallrohr wird, baut man zwei 45-Grad-Bögen hintereinander ein. Darauf setzt man ein kurzes Rohrstück, das mit einem Deckel verschlossen wird. Wichtig: Hier keine (!) Gummidichtung einbauen. Sie bekommen sonst den Deckel später nicht mehr ab. Es muß vermieden werden, daß Baustellenschmutz in die Grundleitungen gerät und vor der Inbetriebnahme die Leitungen lahmlegt. Die Deckel sind aber auch dafür da, um unangenehmes Getier am Zugang ins unterirdische Labyrinth zu hindern. Übrigens: Auch Abzweige werden in der 45-Grad-Version eingebaut.

Dann brauchen Sie noch einen Kellerbodenablauf: meist liegt er in der Waschküche. Er muß so hoch liegen, daß er später mit dem fertigen Fußboden eine Ebene bildet. Beispiel: Bodenplatte (zwölf Zentimeter), Estrich (zehn Zentimeter), Fliesenbelag (ein Zentimeter). Die erforderliche Höhe der Ablaufoberfläche über dem Baugrubenplanum beträgt 23 Zentimeter.

Auch an eine Reinigungsöffnung muß man denken. Kommt es zu einer Rohrverstopfung, können Sie mit so einer Öffnung besser diagnostizieren und sanieren.

Besteht bei Ihnen die Gefahr, daß vom Straßenkanal Wasser in den Keller fließen kann? Ein Rückstauventil schützt vor bösen Überraschungen. Achtung: Das Regenfallrohr nicht über das Rückstauventil führen. Wenn der überfüllte Straßenkanal von der einen Seite das Ventil zudrückt, fließt kein Regenwasser mehr ab. Das findet dann einen anderen Weg: zum Beispiel durch den Bodenablauf in den Keller!

Die Grundstücks-Entwässerung

Im Entwässerungsplan stehen alle Angaben über die Rohre: Verlauf, Querschnitt, Gefälle.

Als erstes hebt man die Gräben für die Rohrleitungen aus. Schon jetzt aufs Gefälle achten!

Die Abwasserrohre werden in ein Sandbett gelegt. Das schützt vor Beschädigungen.

Vor dem Zusammenfügen das freie Rohrende mit Gleitmittel bestreichen.

Sobald das Entwässerungsnetz liegt, werden alle Rohre mit Sand abgedeckt.

Damit die Rohre nicht verrutschen, verdichtet man das Sandbett mit einem Kantholz.

Mit Deckeln wird das Rohrleitungsnetz verschlossen. Wichtig: Hier keine Dichtung einbauen.

Den Bodenablauf so ausrichten, daß er mit dem späteren Kellerfußboden in einer Ebene liegt.

WISSENSWERT

Das Abwasserleitungsnetz ist schneller verstopft als man glaubt. Wer zum Beispiel nach einem ergiebigen Regenguß, der den Rohbau ohne Dach schnell unter Wasser setzt, den Boden-

ablauf öffnet, spült automatisch auch feine Partikel (Steinstaub, Sand) in die Grundleitungen. Besser ist, man fegt die Wassermassen durch eine vorhandene Kelleraußentür ins Freie, oder man läßt in der gemauerten Außenwand eine kleine Abflußöffnung zur Baugrube. Wenn das Dach geschlossen ist, schließt man diesen Notablauf.

Ein Reinigungsschacht ist notwendig, um bei Rohrverstopfung sanieren zu können.

Beim Mischsystem gibt es für Schmutz- und Regenwasser einen gemeinsamen Kanalanschluß.

Voll im Trend: Das Plattenfundament

Selbstbauer, die ihr Haus auf eine Fundamentplatte stellen, gewinnen Zeit und sparen Kraft. Wer dagegen Streifenfundamente gewählt hat, schont zwar sein Baukonto, investiert aber wegen der zusätzlichen Erdarbeiten viel Mühe.

Die Fundamente müssen alle Bauwerkslasten auf den Baugrund übertragen. Bei wenig tragfähigem Boden wählt man eine dicke, gut bewehrte Bodenplatte. Ein solider Untergrund erlaubt Streifenfundamente unter den tragenden Wänden. Dann braucht die Bodenplatte selbst nur zehn bis zwölf Zentimeter dick zu sein. Es ist nicht ungewöhnlich, ein Einfamilienhaus auf Streifenfundamente zu stellen. Vorteil: Im Vergleich mit einer dicken Bodenplatte muß man in aller Regel weniger Beton und Stahlbewehrung einbauen. Man braucht jedoch für das Ausheben der Fundamentgräben eine kleine Mannschaft: Einer löst den Boden, ein Zweiter schaufelt die Erde in eine Schubkarre und der Dritte transportiert die Massen aus der Baugrube. Wer diese Erdarbeiten allein bewältigen will, wird schnell die Freude am Bau verlieren.

Hinweis: Falls die Baugrubensohle aus schwer lösbarem Boden besteht (lehmig, felsig), artet der Aushub der Fundamentgräben auch im Team zu einer unzumutbaren Knochenarbeit aus. Tip: Eventuell doch eine dicke Bodenplatte bauen. Ausnahme: Wenn Sie ein Haus ohne Keller geplant haben, bleibt Ihnen keine Wahl. Sie benötigen auf jeden Fall rund ums Gebäude einen durchgehenden Fundamentstreifen: Frostfrei auf gewachsenem Boden. Das heißt, Sie müssen mindestens hundert Zentimeter tief graben (frostfrei) und die Fundamentsohle muß auf unberührter Natur stehen (gewachsener Boden). Aufschüttungen sind nicht tragfähig. Setzungen, die Risse im Bauwerk zur Folge haben, würden zu Kummer im neuen Haus führen. Wenn die Gefahr von Frostschäden ausgeschlossen ist (zum Beispiel beim Haus mit Keller), sind Fundamente meist 40 bis 60 Zentimeter tief.

Vom Schnurgerüst überträgt man die Hausecken auf den Baugrund

Für welche Gründungsart Sie sich auch entschieden haben: Bevor man mit den Bauarbeiten beginnt, überträgt man die Hausecken vom Schnurgerüst mit einem Senkblei auf die Baugrubensohle. Diese Punkte werden mit großen Nägeln fixiert. Schnüre, die man nun von Hausecke zu Hausecke spannt, geben die Außenseiten der Kellermauern vor. Für Selbstbauer, die ihr Haus auf Streifenfundamente stellen wollen, beginnt jetzt der Ernst des Lebens. Auf der Baugrubensohle markieren Sie die Lage der Fundamente mit Brettern oder Latten. Die genauen Abmessungen und die notwendige Tiefe der Fundamentgräben entnimmt man dem Fundamentplan oder der statischen Berechnung. Und dann wird kräftig in die Hände gespuckt!

Achtung: Sollte die Überprüfung des Baugrunds das Resultat bringen, daß die Fundamente anders ausgeführt werden müssen als in der Statik vorgegeben, wird gewartet, bis die neuen Berechnungen vorliegen. Im Zweifel fragen Sie Ihren Bauleiter oder Ihren Selbstbau-Partner, wie Sie vorzugehen haben.

Bitte legen Sie die Abwasserrohre nicht in die Fundamentgräben. Die Gefahr, daß die Rohre beim Betonieren verrutschen ist zu groß (Gegengefälle, Verbindung löst sich und Rohr läuft mit Beton voll). Wenn die Rohre den einen oder anderen Fundamentgraben kreuzen, sollte man sie dick mit Filz umwickeln. Das ist auf jeden Fall besser als eine starre Verbindung.

Und jetzt ein Tip für Bauherren von Häusern mit versetzten Halbgeschossen: Gründen Sie das Bauwerk in einer Ebene und mauern Sie die Fundamente zur zweiten Ebene aus Betonsteinen. Das ist zwar mühsam, spart aber Schalungs- und Betonierarbeit. Und man muß keine ungleichmäßigen Setzungen befürchten.

Die Streifenfundamente

Vom Schnurgerüst überträgt man die Hausecken auf den Baugrund. Sobald die Position des Gebäudes festgelegt ist, markiert man die Streifenfundamente mit Brettern.

Beim Ausheben der Fundamentgräben fallen einige Kubikmeter Erde an, die mit der Schubkarre aus der Baugrube transportiert werden müssen. Teamarbeit ist dabei hilfreich.

Bei standfestem Boden kann die dünne Bodenplatte mit Kanthölzern geschalt werden. Bei sandigem oder weichem Boden die Schalung eventuell bis zur Sohle herunterführen.

Falls erforderlich, setzt man in die Fundamentgräben Bewehrungskörbe auf Abstandhalter. Wichtig ist zwischen Baugrund und Bewehrung eine Sauberkeitsschicht aus Folie oder Beton.

Abwasserrohre, die Fundamentgräben kreuzen, sollte man mit Filz umwickeln. Das ist besser als eine starre Verbindung. Rohre bitte nicht komplett in den Fundamentgräben verlegen!

Ob Streifenfundamente oder Fundamentplatte: Vor dem Betonieren prüft der Bauleiter gemeinsam mit dem Selbstbauer die Schalung, die Bewehrung und die Entwässerungsleitungen.

Betonieren mit Pumpe oder Kübel: Was ist billiger?

Die Fundamente eines Hauses stellt man aus Fertigbeton her, der mit einer Pumpe aus dem Betonlieferfahrzeug in die Baugrube befördert wird. Es kann aber billiger sein, mit einem Kübel zu betonieren, der an einem Mobilkran hängt. Selbstbauer haben meist keinen stationären Kran. Vergleichen Sie die Kosten der Pumpe mit den Kosten von Mobilkran und Kübel. Aber: Mit Kübel zu betonieren dauert länger. Achtung: Pumpe oder Kran müssen einen sicheren Standplatz haben.

Erdaushub und Fundamente

Nur wenn die Streifenfundamente mit der Platte in einem Rutsch betoniert werden können, ...

... spart man Geld. Wird in zwei Abschnitten gearbeitet, ist die dicke Bodenplatte günstiger.

Bei Häusern mit Halbgeschossen sollte die Bauwerksgründung in einer Ebene liegen.

Die Fundamente zum höhergelegenen Halbgeschoß mauert man dann mit Betonsteinen.

Für Fundamentplatten-Bauherren sind die Erdarbeiten leichter. Wenn der Erdbau-Unternehmer saubere Arbeit geleistet hat, genügen wenige Stunden, um Erd- und Gesteinsbrocken, die noch vereinzelt auf der Baugrubensohle herumliegen, wegzuschaufeln. Dann hat man bereits eine optimale Grundlage für die Fundamentplatte.

Als nächstes muß man sich Gedanken über den Feuchteschutz unterhalb der Fundamente machen. Oft wird auf dem Baugrubenplanum eine kapillarbrechende Kiesschicht verteilt, die man sorgfältig verdichtet, mit einer Kunststoff-Folie bedeckt und darüber eine dünne Betonschicht (Sauberkeitsschicht) legt. Wer aber schon einmal Kies geschaufelt hat, wird sich noch an die Blasen an den Händen und an die schmerzenden Rücken erinnern. Sicherlich stellt der Aufbau aus Kies, Folie und Beton die beste Lösung dar: leider aber auch die kraftaufwendigste. Deshalb sollte man als Selbstbauer mit dem Bauleiter besprechen, ob der vorhandene Baugrund eine kräftige Kunststoff-Folie (0,3 bis 0,6 Millimeter dick) als Feuchtigkeitsschutz zuläßt. Wenn das der Fall ist, können Sie sich freuen: Denn auf Kies und Beton wird dann verzichtet. Übrigens: Als Unterbau-Folie sind auch sogenannte Noppenbahnen geeignet, wie sie oft zum seitlichen Feuchteschutz für Kelleraußenmauern verwendet werden.

Wer in Sachen Bauwerksabdichtung ohne große Mühe wirklich etwas Gutes tun möchte, kann die Bodenplatte aus „WU-Beton" (wasser-undurchlässig) herstellen. Das ist die bequemste Art, für einen guten Feuchteschutz zu sorgen.

Und noch etwas in Sachen Feuchteschutz: Wenn der Keller im Grundwasser steht, werden Bodenplatte und Kellerwände als wasserdichte Betonwanne gebaut (weiße Wanne). Doch das ist eine Aufgabe für eine Baufirma. Für den Selbstbauer beginnen in so einem Fall die Bauarbeiten erst mit dem Erdgeschoßmauerwerk.

Achtung: Man darf nicht vergessen, daß der Unterbau Einfluß auf die Gebäudehöhe nimmt. Es ist ein Unterschied, ob man auf der Baugrubensohle eine Folie auslegt und darüber (in Verbindung mit Streifenfundamenten) nur eine zwölf Zentimeter dünne Betonplatte legt, oder ob man eine dicke Bodenplatte (30 Zentimeter) auf einer Kies- und Betonsauberkeitsschicht baut. Denken Sie vor den Ausschachtungsarbeiten der Baugrube daran. Ärgerlich, wenn Sie die Baugrube von Hand 20 Zentimeter tieferlegen müßten!

Nach den Erdarbeiten wird die dünne Platte oberhalb der Streifenfundamente mit Kanthölzern (Beispiel: Querschnitt zwölf mal zwölf Zentimeter) geschalt. Bei weichem oder sandigem Baugrund kann es notwendig sein, die Schalung mit Brettern oder Baudielen bis auf die Fundamentsohle zu führen. Wenn beim Schalen die seitliche Grabenwand der Streifenfundamente ausbricht, muß man noch mal zur Schaufel greifen und den Bodenbruch entfernen. Nicht darüber hinwegbetonieren.

Die Bodenplattenschalung dient beim Betonieren als Höhenmaß

Für die Schalung einer dicken Bodenplatte sind Baudielen, die man solide im Boden verankert, bestens geeignet. Man sollte die Baudielen (Kanthölzer bei Streifenfundamenten) so verlegen, daß sie später als Höhenmaß dienen und der frische Beton darüber plan abgezogen werden kann. Hilfreich ist jetzt ein Nivelliergerät oder eine Schlauchwaage. Das Nivelliergerät haben Sie bereits kennengelernt. Und so funktioniert die Schlauchwaage: Ein durchsichtiger, blasenfrei mit Wasser gefüllter Schlauch wird an beiden Enden hochgehalten. An diesen beiden Punkten pendelt sich der Wasserspiegel auf gleicher Höhe ein. So bekommt man auch über weite Distanzen verläßliche Höhenmarken. Zur weiteren Kontrolle die Schalung mit Richtlatte und Wasserwaage überprüfen. Übrigens: Später können die Baudielen der Bodenplattenschalung beim Gerüstbau weiterverwendet werden. Die Investition lohnt sich also. Jetzt ist ein guter Zeitpunkt, einmal die Größe des Baugrubenarbeitsraums nachzumessen. Mindestbreite: 50 Zentimeter.

Hinweis: Wenn Sie von außen einen Zugang zum Keller geplant haben, schalen Sie diesen Bereich (Vorplatz plus Treppe) gleich mit ein. Achten Sie aber auf eine frostfreie Gründung. Bei einer dicken Bodenplatte eventuell einen Graben ausheben. Fragen Sie dazu auch Ihren Bauleiter!

Sobald die Schalung steht, rollen Sie die Folie zur Bauwerksabdichtung aus. Bei einer Gründung auf Streifenfundamenten lassen Sie die Folie etwa zehn

Die Fundamentplatte

Der Unterbau für die Bodenplatte wird ohne Mühe erledigt: Steine und lose Erdbrocken entfernen.

Aus stabilen Baudielen zimmert man auf der Baugrubensohle eine solide Schalung.

Mit einer Schlauchwaage oder einem Nivelliergerät wird die Schalung ausgerichtet.

Wichtig ist, daß zwischen Bodenplatte und Baugrubenböschung genügend Arbeitsraum bleibt.

Der Betondruck ist groß. Deshalb die Schalung seitlich sehr gut aussteifen.

Im Bereich einer Kelleraußentür hebt man für eine frostfreie Gründung einen Graben aus.

Eine dicke Kunststoff-Folie wird auf dem gesäuberten Baugrund ausgerollt. Auch sogenannte …

… Noppenbahnen sind als Sauberkeitsschicht und als Feuchtigkeitsschutz geeignet.

Zentimeter in die Fundamentgräben hängen. Die Grabensohle muß nicht abgedeckt werden. Bei einer dicken Bodenplatte führen Sie die Bahnen innen an der Schalung rund zehn Zentimeter hoch. Mit Nägeln wird dort die Folie fixiert.

Entsprechend der statischen Berechnung muß dann die Stahlarmierung eingebaut werden. Tragfähiger Boden benötigt in Verbindung mit Streifenfundamenten oft nur eine „konstruktive" Bewehrung. Das ist eine nach Erfahrungswerten gewählte Stahlmattenschicht im oberen Drittel der dünnen Platte. Beim Auslegen der Stahlmatten auf die richtige seitliche Überdeckung achten. Meist genügen rund 30 Zentimeter. Sollten die Matten verbogen sein und deshalb ein störrisches Eigenleben entwickeln, werden sie mit Bindedraht zur Ruhe gebracht. Die Fundamentstreifen selbst bekommen nur bei großen Bauwerkslasten oder bei kritischem Baugrund eine Bewehrung aus Körben oder Stahlstangen. Dann braucht man dort unten im Graben jedoch auch eine Sauberkeitsschicht (Folie oder dünne Betonschicht).

Tip: Werden die Streifenfundamente mit Stahl armiert, kann es arbeitserleichternd sein, in zwei Etappen zu arbeiten. Zunächst werden die Fundamente bewehrt und ausbetoniert. Später baut man dann die Stahlmatten für die Platte ein und stellt die seitliche Schalung auf. Das bringt zum einen den großen Vorteil, daß man beim Betonieren der Fundamente nicht über eine unwegsame Stahlunterlage turnen muß. Zum anderen beugt man der Gefahr vor, daß beim Schalen der Bodenplatte die Fundamentgräben ruiniert werden. Die Kehrseite der Medaille: Müssen die Fundamente bewehrt und in zwei Schritten betoniert werden, zerstört man den Kostenvorteil gegenüber der Fundamentplatte. Auch in so einem Fall sollte man besser gleich die dicke Bodenplatte wählen, zumal dort die Bewehrungsarbeiten einfacher sind. Denn meist wird nur jeweils eine Lage Stahlmatten im unteren und oberen Bereich der Platte gefordert. Zunächst verteilen Sie auf der Kunststoff-Folie (alternativ: Sauberkeitsschicht) flache Abstandhalter: Das sind Kunststoffschienen oder Kunststoffringe. Ziel ist es, daß der Stahl später mindestens zwei Zentimeter tief im Beton liegt. Die Stahlmatten direkt auf dem Boden auszulegen, ist nicht korrekt. Auf den unteren Abstandhaltern plaziert

Direkt auf der Folie verlegt man Abstandhalter: Das sind Leisten oder Ringe aus Kunststoff.

Nun kommt die erste Lage Stahlmatten. Am besten arbeitet man dabei zu zweit.

Abstandhalter („Schlangen" oder „Böcke") bilden den Unterbau für die zweite Stahlebene.

Schon nimmt die Bodenplattenbewehrung ihre endgültige Form an.

man nun die erste Lage Stahlmatten. Bevor man die zweite Stahlschicht legt, werden (falls notwendig) Körbe für die Randbewehrung eingebaut. Diese läßt man sich am besten beim Stahllieferanten fix und fertig zurechtformen. Selbstbiegen bringt enttäuschende Ergebnisse!

Die oberen Stahlmatten liegen auf weiteren Abstandhaltern. Gängige Modelle sind „Schlangen" oder „Böcke", die es in unterschiedlichen Höhen gibt, mit denen die Distanz zwischen oberer und unterer Stahllage fixiert wird. Damit die Stahlbewehrung eine gute Stabilität bekommt, ordnet man diese Abstandhalter in durchgehenden Bahnen an. Der Abstand der Bahnen untereinander beträgt rund einen Meter. Arbeiten Sie sorgfältig: Schließlich müssen Sie später beim Betonieren über das Eisengeflecht laufen. Zum Schluß wird die obere Stahlebene mit der unteren fest mit Draht verbunden. Wichtig: Es darf nach dem Betonieren kein Eisenstück mehr sichtbar sein (zwei Zentimeter Betondeckung!). Übrigens: Den Stahl bestellt man entsprechend der Statik beim Baustoffhändler. Abstandhalter und Bindedraht nicht vergessen.

Bevor der Beton kommt, denken Sie bitte an einen Fundamenterder. Das ist ein geschlossener Ring aus verzinktem Bandstahl, der entweder am Bodenplattenrand in die Stahlbewehrung eingebaut wird oder auf dem Boden der äußeren Fundamentgräben liegt. Anschlußfahnen werden an jenen Ecken hochgebogen, an denen die Metallfallrohre der Regenrinne und der Blitzableiteranschluß vorgesehen sind. Auch im geplanten Hausanschlußraum muß so ein Eisenstück aus der Bodenplatte herausragen. Später werden dort alle metallenen Innenbauteile (zum Beispiel Wasserleitungen und Badewanne) sowie die Elektroinstallation geerdet.

Nun können Sie sich noch ein schönes Betonier-Hilfsmittel einbauen. Da es nämlich nicht einfach ist, eine wirklich ebene Bodenplatte „freihändig" zu betonieren, können Stabstahlstücke die Lösung sein. Diese Stäbe werden so tief in den Boden gerammt, daß deren Spitzen die Oberfläche der Bodenplatte markieren. Am Rand hat man bereits ein Höhenmaß durch die seitliche Schalung. Im Mittelfeld genügen fünf bis zehn locker verteilte Kontrollstäbe, um einer hügeligen Bodenplatte vorzubeugen. Falls Sie das Betonieren der Platte Profis überlassen, können Sie eventuell auf die Höhenmarkierungen verzichten. Voraussetzung: Die Firma kontrolliert die Höhe mit einem Nivelliergerät.

Ehe Sie nun zum Telefonhörer greifen, um den Beton für die Bodenplatte zu bestellen, müssen Sie die Betonmassen ermitteln. Dabei sollten Sie so genau wie möglich vorgehen. Fehlt Ihnen letztlich ein Kubikmeter, müssen Sie diesen eventuell teuer nachbestellen. Und jeder zuviel gelieferte Kubikmeter bringt ebenfalls unnötige Kosten. Die Berechnung ist einfach: Sie multiplizieren die eingeschalte Fläche mit der Dicke der Platte. Sind Strei-

Mit Draht werden die Stahlebenen verbunden. So bleibt die Armierung beim Betonieren in Form.

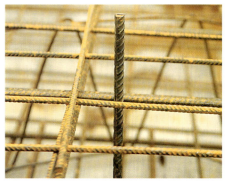
Die Spitzen von einzelnen Stabstahlstücken markieren die Bodenplattenoberfläche.

Der Fundamenterder ist ein geschlossener Ring aus Bandstahl, den man in die Fundamente legt.

Die Fundamentplatte

Der Beton wird mit einer Pumpe in die Baugrube befördert. Das macht viel Spaß.

Schon am nächsten Tag kann die seitliche Bodenplattenschalung entfernt werden.

Große Betonmengen verteilt man zunächst mit einer Richtlatte.

Das ebene Abziehen der Bodenplatte ist auch mit Hilfshöhen eine Arbeit für Experten.

Tip: Kanten der Bodenplatte brechen. Das erleichtert später die Arbeiten bei der Abdichtung.

Sofort nach dem Einbringen wird der Beton mit einem Rüttler verdichtet.

WISSENSWERT

Stahlmatten werden in der Statik mit einem Buchstaben und drei Ziffern bezeichnet. Beispiel: „Q 188". Das „Q" steht für eine quadratische Stabstahlanordnung und gleiche Stahlquerschnitte in

Mattenlängs- und -querrichtung. „188" weist auf einen Querschnitt von 1,88 Quadratzentimetern je Meter Matte hin. Wird eine Matte mit „R" gekennzeichnet, bedeutet das eine rechteckige Stabstahlanordnung. Dann ist der angegebene Querschnitt nur in Längsrichtung vorhanden. Quer ist die Matte schwächer ausgebildet.

---

fenfundamente geplant, kommen noch genau die Kubikmeter dazu, die Sie für die Fundamentgräben ausgehoben haben.

Wichtig: Vor dem Betonieren muß Ihr Bauleiter oder Ihr Selbstbau-Partner die Bodenplattenschalung, die Bewehrung und die Entwässerungsrohre überprüfen. Tip: Abflußtest durchführen.

Jetzt kommen die Betonlieferfahrzeuge, und die Pumpe ist startbereit, um den Beton in die Baugrube zu befördern. Weil beim Betonieren mit der Pumpe sehr große Mengen in sehr kurzer Zeit verarbeitet werden, sollten Sie wenigstens zu dritt sein. Dabei muß Ihrem Team mindestens ein erfahrener Baumensch angehören, der schon einmal einen Betonpumpenrüssel geführt hat. Das ist nämlich gar nicht so einfach. Gleich nach dem Einbringen wird der Beton verdichtet. Üblich ist der Einsatz eines vibrierenden Flaschenrüttlers. Diesen gibt's beim Baumaschinenverleih. Wichtig: Ein Stromanschluß muß vorhanden sein. Den Beton durch Stochern mit dem Spaten zu verdichten, ist viel zu mühsam. Das ebene Abziehen der Betonoberfläche sollte der Profi in Ihrer Crew erledigen. Denn es ist auch mit eingebauten Hilfshöhen eine kleine Kunst, die Bodenplatte sauber abzugleichen. Dabei führt man ein Holzbrett, das an einer Art Besenstiel befestigt ist, mit leicht zitternden Bewegungen über den frischen Beton.

Tip: Sollte man an einigen Stellen deutlich zuviel Beton vorfinden, zieht man diese Massen zunächst mit der Richtlatte weg, bevor man mit dem Abziehen beginnt. Die seitliche Bodenplattenschalung kann am nächsten Tag entfernt werden.

Weitere Informationen zum Betonieren der Fundamente finden Sie im „Merkblatt Stahlbeton" (Seiten 120 und 121).

SCHNELL GEBAUT MIT DÜNNBETT-MÖRTEL

Eine der aufwendigsten Tätigkeiten beim Bauen ist das Anrühren und Auftragen des Mauermörtels. Nicht so jedoch, wenn man seinen Rohbau aus Porenbetonsteinen errichtet. Großformatige Blöcke und die auf einen Millimeter reduzierte Mörtelfuge erleichtern den Bau: Man braucht nur noch rund zehn Liter Mörtel, um einen Kubikmeter Mauerwerk herzustellen. Und weil man die Steine kinderleicht bearbeiten kann, dauert es nur etwa drei Stunden, bis ein Selbstbauer einen Kubikmeter Porenbetonsteine verarbeitet hat. Zum Vergleich: Errichtet man sein Haus konventionell mit der zwölf Millimeter dicken Mörtelfuge, braucht man etwa fünf Stunden pro Kubikmeter Mauerwerk. Doch Porenbeton gibt es nicht nur als Stein. Formstücke wie U-Schalen, Massivstürze oder Fertigteildecken bilden ein optimales Bausystem, mit dem nahezu alle bautechnischen Anforderungen zu erfüllen sind. Besonders schön ist auch, daß man ein Haus in Massivbauweise erstellt, dabei jedoch spürbar seine Kräfte schont. Und der schnelle Baufortschritt motiviert jeden Do-it-yourselfer: Denn das Bauen mit Porenbeton ist wirklich so einfach wie es aussieht.

Die erste Schicht wird angelegt

Nun beginnen die Maurerarbeiten. Allerdings noch nicht mit Dünnbettmörtel. Denn mit der ersten Steinschicht muß man zugleich alle Unebenheiten der Bodenplatte ausgleichen. Und dafür wird Normalmörtel angerührt.

Bevor der erste Stein gesetzt werden kann, muß man die Hausecken auf der Bodenplatte kennzeichnen. Dazu wird das Schnurgerüst benötigt. Im Schnurschnittpunkt hängen Sie ein Senkblei auf, dessen Spitze dann genau auf die jeweilige Hausecke zeigt. Dort wird ein Nagel in die Bodenplatte eingeschlagen. Tip: kleines Loch vorbohren. Nachdem alle Ecken markiert sind, spannt man Schnüre von Nagel zu Nagel. Das sind die Außenkanten des Kellermauerwerks, die nun mit Kreide oder Bleistift auf den Boden gezeichnet werden. Eine Richtlatte eignet sich als Lineal. Am besten zeichnen Sie gleich alle Wände auf. Die Steinpaletten plaziert man dann so, daß sie griffbereit neben den zukünftigen Mauern stehen.

Weil eine Betonbodenplatte nie absolut plan ist, muß man die unterste Steinreihe in ein ausgleichendes Mörtelbett setzen. Nur so entsteht eine absolut waagerechte Unterlage, die für das Mauern mit Dünnbettmörtel notwendig ist. Man setzt den ersten Porenbetonstein an jener Ecke, die dem höchsten Bodenplattenpunkt am nächsten liegt. An diesem Stein werden später alle weiteren Ecksteine ausgerichtet. Dort, wo die Bodenplatte ihren tiefsten Punkt hat, sitzen die Steine in einem entsprechend dickeren Mörtelbett. Man ermittelt den höchsten Bodenplattenpunkt mit einer Schlauchwaage oder mit einem Nivelliergerät. Bei dieser Arbeit sollte Ihnen ein Fachmann helfen. Übrigens: Die meisten Bausatzhaus-Lieferanten erledigen das Nivellieren und das Setzen der ersten Steine als kostenlose Serviceleistung.

Wenn die Kellermauern aufgezeichnet sind, wissen Sie genau, in welchen Bereichen Sie den Mörtel auftragen müssen. Verwenden Sie feuchtigkeitsunempfindlichen Zementmörtel (Mörtelgruppe III), den Sie als fertig gemischten Werktrockenmörtel in Säcken kaufen können. Sie müssen dann nur noch Wasser hinzugeben. Vorteil der Fertigmischung: Eine homogene Zusammensetzung des Materials ist gewährleistet. Verbrauch: Pro Meter Mörtelbett werden im Durchschnitt 15 Kilogramm Trockenmörtel benötigt.

In die Mörtellage kommt eine Sperrschicht aus Bitumenpappe

Als Sperrschicht gegen aufsteigende Feuchtigkeit legt man Bitumenpappe auf die erste Mörtellage. Wichtig: An Ecken und überall dort, wo sich Anschlußstellen nicht vermeiden lassen, sollten sich die Sperrbahnen mindestens zehn Zentimeter überlappen. Und die Bitumenpappe muß breiter als die dazugehörige Mauer sein.

Nun bringt man in der höchsten Ecke auf der Sperrpappe den Mörtel für den ersten Stein auf. Dabei wird die Oberfläche des Mörtels nicht glattgestrichen, sondern etwas schuppig aufgetragen. Gehen Sie an dieser Stelle noch recht sparsam mit dem Mörtel um. Alle anderen Steine muß man ja in ein entsprechend dickeres Mörtelbett setzen. Zuviel des Guten am Anfang könnte bedeuten, daß Sie dann andere Steine unnötig dick unterfüttern müssen. Nun setzen Sie den ersten Eckstein, den Sie mit Gummihammer und Wasserwaage ausrichten. Die Außenecke muß exakt über dem zuvor eingeschlagenen Nagel sein.

Hinweis: Im Hochsommer Bodenplatte und Steine (von unten) anfeuchten. Das gibt einen noch besseren Verbund.

Sobald die Ecksteine höhengleich sitzen, werden von Hausecke zu Hausecke Richtschnüre gespannt und die erste Mauerreihe vervollständigt. Wenn Sie Steine mit Nut-und-Feder-Profilierung verarbeiten, können Sie die Stoßfugen trocken aneinanderfügen. Wichtig: Beim Anlegen der ersten Schicht an alle Schlitze für Abwasserrohre und Wasserleitungen denken.

Anlegen der ersten Steinschicht

Zu Beginn der Maurerarbeiten werden die Hausecken mit einem Senkblei vom Schnurgerüst ...

... auf die Bodenplatte übertragen und mit Nägeln gekennzeichnet. Tip: Nagelloch vorbohren.

Anschließend zeichnet man die Hauswände auf dem Boden auf.

Die Steinpaletten sollten griffbereit neben den künftigen Mauern stehen.

Beim Einmessen der Bodenplatte wird Bausatzhaus-Bauherren geholfen.

Jetzt geht's los. Mit einem Betonmischer wird der Mörtel für die erste Steinschicht angerührt.

Im Hochsommer muß man die Bodenplatte anfeuchten. Das gibt einen besseren Verbund.

Nun wird die erste Mörtelschicht aufgetragen. Auch dabei hilft ein Bausatzhaus-Betreuer.

Auf die erste Mörtellage kommt Bitumenpappe als Feuchtigkeits-Sperrschicht.

Die zweite Mörtelschicht trägt man auf der Sperrpappe leicht geschuppt auf.

Der erste Eckstein wird gesetzt und mit Gummihammer und Wasserwaage ausgerichtet.

Beim Ausmauern der ersten Schicht berücksichtigt man bereits alle Schlitze der Abwasserrohre.

Das Haus beginnt zu wachsen

Bis jetzt waren Sie auf die Hilfe von Profis angewiesen. Bei der Planung war es der Architekt, beim Aushub der Bagger-Unternehmer. Ohne einen Betonexperten wäre die Bodenplatte wahrscheinlich nicht so schön geworden, und das Ausrichten der ersten Steinschicht haben Sie zusammen mit einem Bausatzhaus-Vorführmeister erledigt. Nun beginnt die volle Eigenleistung. Denn beim Bau mit Dünnbettmörtel brauchen Sie keine Unterstützung mehr.

Da die gesamte erste Reihe im Mörtelbett höhengleich ausgerichtet wurde, gibt es jetzt keine Höhendifferenzen mehr. Das ist die Voraussetzung für das erfolgreiche und schnelle Mauern mit Dünnbettmörtel. Der erste Stein der zweiten Mauerwerksreihe wird wieder in der Ecke gesetzt. Welche Ecke Sie wählen, bleibt Ihnen diesmal frei überlassen, da der Mörtel überall gleich dick aufgetragen wird.

Die meisten Porenbeton-Hersteller liefern zusammen mit den Steinen auch gleich die richtige Menge Dünnbettmörtel. Dieser Fertigmischung braucht man nur noch Wasser zuzugeben. Mit einem Bohrmaschinen-Quirl wird gerührt: Dabei bitte eine niedrige Drehzahl einstellen. Um Dosierungsfehler zu vermeiden, sollte man den Mörtel nur sackweise anmachen.

Ziehen Sie nun mit der zur Wanddicke passenden Zahnkelle so viel Mörtel auf, wie für einen Eckstein benötigt wird. Die Zahnung der Kelle sorgt automatisch für die richtige Schichtdicke (etwa ein Millimeter).

Die Spezialwerkzeuge sind im Bausatzhaus-Paket enthalten

Die Konsistenz des Mörtels stimmt, wenn die Zahnung der Plankelle im Mörtel sichtbar bleibt und nicht zerläuft. Übrigens: Die notwendigen Porenbeton-Spezialwerkzeuge (Plankellen, Schleifbrett, Quirl und so weiter) bekommen Bausatzhaus-Kunden automatisch in einem Werkzeugpaket mitgeliefert.

Sobald der Mörtel aufgezogen ist, setzen Sie den ersten Eckstein möglichst exakt: Vermeiden Sie Verschiebungen im Mörtelbett. Kleine Korrekturen sind möglich, aber nur für kurze Zeit. Doch paßgenaues Arbeiten ist mit Porenbeton sowieso kein Problem, da die Grifftaschen eine leichte Handhabung der Steine gewährleisten. Tip: Sägen Sie herausstehende Nut- und-Feder-Profilierungen der Ecksteine sofort ab. Das erspart Ihnen später lästiges Nacharbeiten beim Aufbringen der Kellerwandabdichtung und beim Außenputz. Und überschüssigen Mörtel, der aus der Lagerfuge austritt, sollten Sie ebenfalls gleich entfernen. So haben Sie für die Wandverkleidungen (Fliesen, Innenputz und so weiter) eine saubere Oberfläche. Späteres Abklopfen ist recht mühsam. Wenn abends der letzte Stein gesetzt ist,

Mit einem Bohrmaschinen-Quirl wird der Dünnbettmörtel angerührt.

Beruhigend: Der Bausatzhaus-Partner überprüft die ersten Arbeitsschritte des Selbstbauers.

Bevor weitergemauert wird, Schleifstaub abfegen. Und schon hat man wieder eine Ebene.

sollte man auch all jene Mörtelreste beseitigen, die noch auf der Lagerfuge zu finden sind. So bereitet man einen sauberen Start in den nächsten Bautag vor.

Wenn alle Ecksteine eingebaut sind, spannen Sie zwischen zwei Hausecken eine Richtschnur, mit der Sie die Mauerwerksaußenkante markieren. Es kommt leider immer wieder vor, daß Selbstbauer meinen, sie bräuchten keine Richtschnur. Das Resultat sind „ausgebeulte" Wände. Wer jedoch kontinuierlich an der Schnur entlangmauert, stellt exakte Hausfluchten her. Eine Richtschnur ist schnell gespannt

In der ersten Hausecke zieht man dann mit der Plankelle genau so viel Mörtel auf, …

… wie man für den Eckstein benötigt. Die Grifftaschen sind eine große Erleichterung für …

… maßgenaues Arbeiten. Alle Ecksteine mit Wasserwaage und Gummihammer ausrichten.

Ungebremst geht's weiter: Richtschnur zwischen den Ecksteinen spannen und die …

… zweite Reihe komplett ausmauern. Tip: An heißen Tagen nicht zuviel Mörtel aufziehen.

Kleine Unebenheiten werden mit dem Schleifbrett abgetragen.

Am Ende eines Arbeitstages alle Mörtelreste sorgfältig entfernen.

Noch schneller gehen die Maurerarbeiten, wenn man zunächst alle Hausecken hochzieht und dann an der Schnur Reihe für Reihe ausmauert.

und sollte schon deshalb nicht zur Diskussion stehen.

Tragen Sie beim Ausmauern der zweiten Schicht nur für zwei bis drei Steine den Dünnbettmörtel auf, an heißen Tagen am besten nur für einen Stein. Um einen ordentlichen Verbund zwischen den Steinen zu erhalten, darf sich noch keine Haut gebildet haben. Test: Drücken Sie die Fingerkuppe vorsichtig in die frische Masse. Bleibt nichts an den Fingern haften, ist der Mörtel schon zu fest. Dann müssen Sie die komplette Mörtellage entfernen und erneut Material aufziehen. Im Extremfall nimmt man nur so viel Mörtel, wie für einen Stein gebraucht wird. Und noch ein Hinweis zum Aufziehen von Dünnbettmörtel: Oft wurde beobachtet, daß man den Mörtel direkt aus dem Kübel mit der Kelle herauslöffelt. Auf diese Weise sind schnell alle Kellen rundherum verdreckt, und der Mörtel tropft unkontrolliert auch am Mauerwerk herunter. Wesentlich sauberer kann gearbeitet werden, wenn man sich den Mörtel aus dem Eimer mit einer kleinen Kelle in die Zahnkelle füllt. Wenn man zusätzlich den Dünnbettmörtel mit der kleinen Kelle auf dem Mauerwerk gleichmäßig verstreicht, ehe man mit der Zahnkelle darüberzieht, ist das Ergebnis optimal.

Da man heute fast ausnahmslos nur noch Steine mit Nut-und-Feder-Profilierung nimmt, wird nur auf die Lagerfuge Mörtel aufgezogen. Die Stoßfugen werden trocken (Nut und Feder) zusammengeschoben. Lediglich im Bereich der Eckverbindungen braucht man auch in der Stoßfuge Mörtel.

Setzen Sie nun jeden Stein möglichst genau in seine Position, und richten Sie ihn mit Gummihammer und Wasserwaage aus. Achtung: Mauern Sie im Verband. Dabei müssen die Stoßfugen übereinanderliegender Schichten um mindestens acht Zentimeter zueinander versetzt sein. Beachten Sie diesbezüglich das „Merkblatt Mauerwerk (I)" auf Seite 122.

Mit einem Trick wird der letzte Stein einer Schicht eingepaßt

Da in den unteren Mauerwerksreihen noch keine Fensteröffnungen sind, muß man von Eckstein zu Eckstein durchmauern. manchmal ist es schwierig, den letzten Stein einzupassen, weil die Öffnung von zwei Seiten begrenzt wird.
○ Trick 1: Sie tragen den Dünnbettmörtel auf den letzten Stein auf, da Sie mit der Plankelle nicht mehr in die verbleibende kleine Wandöffnung gelangen. Dann fügen Sie diesen Stein vorsichtig von oben ein. Austretenden Mörtel bitte sofort beseitigen. Für Selbstbauer, denen das nicht so leicht gelingt, gibt es eine Alternative:
○ Trick 2: Man sägt den letzten Stein leicht schräg in der Mitte durch und schiebt die zweite Hälfte dann von der Seite ein. Auch für dieses letzte Porenbetonstück gilt: Ein Blick auf die Wasserwaage, ein paar Schläge mit dem Gummihammer,

Steine zusägen

Porenbeton ist deshalb so beliebt, weil man ihn so einfach bearbeiten kann. Kein anderes Steinmaterial läßt sich mit der Handsäge zuschneiden (oben). Mit einer elektrischen Säge geht es aber noch schneller und bequemer, und die Schnitte werden sauberer. Deshalb

arbeiten Selbstbauer, die ein ganzes Haus aus Porenbeton errichten, meist mit Maschinen-Unterstützung. Wer einen Elektro-Fuchsschwanz besitzt, sollte sich noch einen Sägeständer zulegen (Mitte). Dann wird das Ergebnis besonders exakt. Das optimale Werkzeug ist aber die Elektro-Bandsäge (unten).

und der Stein sitzt millimetergenau auf der Stelle.

Trotz modernster Produktionstechnik können manche Porenbetonsteine geringe Höhendifferenzen zueinander haben. Die daraus resultierenden Unebenheiten in der Lagerfuge sind aber nicht weiter problematisch.

Unebenheiten werden mit dem Schleifbrett abgetragen

Mit dem Handhobel oder mit dem Schleifbrett sind sämtliche Ungenauigkeiten schnell korrigiert. Danach den Schleifstaub einfach abfegen und die nächste Reihe setzen. Tip: Immer die Steine, die auf einer Palette untereinander liegen, nebeneinander vermauern. Diese Steine stammen aus einem Produktionsschnitt und sind deshalb immer gleich hoch. So reduziert man die Schleifarbeit auf ein Minimum.

Ganz selten kommt es vor, daß einzelne Steine extrem von der Lagerfugen-Ebene abweichen: Dann kann man das Schleifen vergessen. „Extrem" sind in diesem Fall alle Differenzen, die größer als zwei Millimeter sind.
○ Fall 1: Ein einzelner Stein ist etwas zu niedrig. Man trägt auf diesem Stein eine Lage Dünnbettmörtel auf und legt (falls notwendig) noch sogenannte Flacheisen ein. Der zu setzende Stein wird zusätzlich von unten mit Dünnbettmörtel bestrichen und dann gesetzt. So kann ein „Loch" in der Lagerfuge überbrückt werden.
○ Fall 2: Ein Stein steht aus der Lagerfuge heraus. Schleifen wäre zu mühsam. Mit der Handsäge wird der überstehende Bereich angefräst. Dann ist es recht einfach, mit dem Schleifbrett oder mit dem Porenbeton-Handhobel die überstehende Schicht abzutragen.

Wenn die ersten Paletten vermauert sind, kommt bereits die Routine. Sie können es sich jetzt ohne Weiteres zutrauen, die Ecken ein paar Reihen hochzuziehen und dann die einzelnen Reihen gleich hintereinander auszumauern. So geht die Arbeit noch zügiger voran. Achten Sie aber bitte darauf, daß die Ecksteine abwechselnd bis nach außen durchlaufen.

Und bitte niemals vergessen: Auch wenn die Arbeit so richtig flott von der Hand geht, Unebenheiten abschleifen, Schleifstaub entfernen und Richtschnur spannen!

Das Kellermauerwerk

Beim Mauern eines Hauses ist ein wettergeschützter Ausführungsplan sehr hilfreich.

So verdreckt die Plankelle während der Bauarbeiten nicht: Mörtel mit kleiner Kelle aus dem ...

... Eimer in die Plankelle löffeln. Beim Aufziehen Mörtel vorverteilen. Das Ergebnis ist optimal.

Der letzte Stein einer Reihe wird an drei Seiten mit Mörtel bestrichen ...

... und dann vorsichtig in die schmale Öffnung geschoben. Überschüssigen Mörtel entfernen.

Zweite Möglichkeit, einen Stein einzufügen: Den Block schräg durchsägen und seitlich einpassen.

Wenn einzelne Steine ein paar Millimeter zu niedrig sind, muß man auf den flachen Stein ...

... zum Ausgleich Dünnbettmörtel streichen. Dazu eventuell Flachanker legen. Auf den ...

... nächsten Stein zieht man von unten Dünnbettmörtel auf. Die Differenz ist somit ausgeglichen.

Einzelne Steine, die einige Millimeter zu hoch sind, werden nicht abgeschliffen. Mit der Säge ...

... wird der überstehende Bereich angefräst und dann recht leicht mit dem Handhobel abgetragen.

Anschließend gibt es den Feinschliff. Schleifstaub abfegen und weitermauern!

Jetzt kennen Sie die wichtigsten Maurer-Regeln. Doch eine Frage ist noch unbeantwortet: Wie werden Innen- und Außenwände miteinander verbunden?

Es gibt zwei Varianten, Innenwände in die Außenwände einzubinden

Ob man die Innenwände gleichzeitig mit den Außenmauern herstellt (Verzahnung) oder sie später mit der Stumpfstoßtechnik einfügt, ist reine Geschmackssache.
○ Verzahnung bedeutet hier, daß jede zweite Innenwand-Steinlage ins Außenmauerwerk geführt wird.
○ Bei der Stumpfstoßtechnik werden die Wände ohne jegliche Verzahnung stumpf aneinandergestoßen. In jeder zweiten oder dritten Lagerfuge müssen Flacheisen eingemörtelt werden. Die genauen Abmessungen und Positionen sagt Ihnen der Statiker oder der Bausatzhaus-Betreuer. Vorteil: Man hat beim Mauern viel Bewegungsfreiheit. Erst werden die Außenwände errichtet, später die Innenmauern. Das ist besonders dann sinnvoll, wenn man mit vielen Helfern ans Werk geht.

Doch nicht nur bei tragenden Wänden hat man die Auswahl zwischen den beiden Verbindungstechniken. Auch nichttragende Wände können entweder durch Verzahnung oder mit der Stumpfstoßtechnik angeschlossen werden. Übrigens: Während tragende Wände Räume voneinander abtrennen und alle Lasten aus Decken, Dach und Mauerwerk bis aufs Fundament abtragen müssen, sind nichttragende Innenwände nur als Trennwände zu verstehen. Die Steine der obersten Schicht nichttragender Wände stutzt man deshalb um zwei Zentimeter. So können von oben keine Lasten eingeleitet werden, und die nichttragende Wand bleibt das, was sie ist: eine Trennwand. Den Spalt zwischen Wand und Decke schäumt man vor dem Auftragen des Innenputzes aus.

Tip: Bevor man die Innenwände anlegt, sollte man sich einen Ausführungsplan des gesamten Geschosses (Maßstab „1:50") auf ein Holzbrett kleben und mit einer regendichten, transparenten Klebefolie überziehen. So hat man immer alle notwendigen Maße parat. Und noch etwas: Wer zuerst die Außenwände errichtet und später die Innenwände hochzieht, sollte dennoch vorm Anlegen der ersten Außenwandsteine auch die Höhenverhältnisse innerhalb der Bodenplatte kontrollieren.

Wer sich für den Porenbeton-Rohbau eine Bandsäge geliehen hat, kann sehr saubere Schlitze herstellen. Neben den beiden seitlichen Schnitten gibt es einen weiteren Schnitt ...

... etwa drei Zentimeter vom Rand entfernt. Das entstehende schmale Scheibchen wird herausgebrochen, der Stein um 90 Grad gedreht. Dann führt man den hinteren Schnitt aus.

Der Schlitz fürs Abwasserrohr ist bei den Rohbauarbeiten gleich berücksichtigt worden. Solche Aussparungen nachträglich herzustellen, ist eine mühsame und staubige Angelegenheit.

Stellt man nämlich erst später fest, daß der höchste Bodenplattenpunkt im Bereich der Innenwände liegt, müssen dort die Steine abgeschnitten werden, um die Reihen der Außen- und Innenwände wieder auf gleicher Höhe zu haben. Deshalb müssen Sie beim Anlegen der ersten Schicht auch an die Innenmauern denken.

Beim Errichten der Wände Schlitze und Nischen berücksichtigen

Große Schlitze für Abwasserrohre oder Heizungssteigleitungen (auch Öltankentlüftung) und Nischen für Strom- und Wasserverteiler sollte man schon während des Mauerns berücksichtigen. Markieren Sie auf den entsprechenden Steinen die Schlitzposition und führen Sie beidseitig mit der Handsäge die Schnitte so tief wie notwendig aus. Mit einem gezielten Hammerschlag trümmern Sie das Steinstück aus dem Block. Bruchkante säubern, ehe der Stein eingebaut wird! Nachträgliches Fräsen ist eine mühsame und staubige Angelegenheit. Viel eleganter können Bauherren zur Tat schreiten, die eine elektrische Bandsäge zur Verfügung haben: Man führt beidseitig die seitlichen Begrenzungsschnitte aus. Anschließend sägt man etwa drei Zentimeter vom Schlitzrand entfernt einen dritten Schnitt. Das entstehende schmale Scheibchen wird einfach herausgebrochen und der Stein um 90 Grad gedreht. Jetzt kann entlang der hinteren Schlitzbegrenzung ebenfalls das Sägeblatt geführt werden. So bekommt man besonders saubere Mauerwerksschlitze.

Kleine Schlitze für Stromkabel ziehen Sie später bei den Installationsarbeiten mit dem Rillenkratzer oder mit der Schlitzfräse (Hammer und Meißel sind ungeeignet).

Achtung: Durch Schlitze und Aussparungen können die Tragfähigkeit und die bauphysikalischen Eigenschaften der Wand deutlich beeinträchtigt werden. Beachten Sie deshalb die Schlitzpläne, die Sie vom Installateur oder vom Lieferanten Ihrer Installationsbausätze bekommen haben. Diese Ausführungspläne sollte man auf jeden Fall mit dem Statiker besprechen! Die DIN 1053 nennt Grenzwerte für Querschnittsschwächungen vom Mauerwerk, die ohne statischen Nachweis in tragenden Wänden zulässig sind (siehe „Merkblatt Mauerwerk (III)" auf Seite 124). Tip: Leitungen bündeln und in wenigen großen Schlitzen durchs Haus führen.

Das Kellermauerwerk

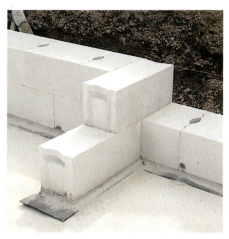
Es gibt verschiedene Möglichkeiten, Innenwände und Außenwände miteinander zu verbinden. Die traditionelle Lösung ist die Verzahnung. Dabei wird jede zweite Steinschicht in die ...

... angrenzende Wand geführt. Um im Rohbau noch genügend Bewegungsfreiheit zu haben, treppt man die Innenwände zunächst ab und mauert sie erst später komplett auf.

Die letzte Steinschicht von nichttragenden Innenwänden wird um etwa zwei Zentimeter gestutzt. So wird vermieden, daß von der Decke Lasten in die Wand geleitet werden. Spalt ausschäumen.

Anschluß-Alternative: die Stumpfstoßtechnik. Weil man zunächst alle Außenmauern und erst dann die Innenwände errichtet, hat man sehr viel Bewegungsfreiheit im Bau. Flachanker werden ...

... ins Mörtelbett gesetzt. Darauf kommt der Stein. Um einer Verletzungsgefahr vorzubeugen, biegt man die herausstehenden Stahlstücke nach unten. Sobald die ...

WISSENSWERT

Bei Frost darf das Mauerwerk nur unter besonderen Schutzvorkehrungen errichtet werden (die Mauerkrone nachts mit Brettern oder Folien abdecken. Siehe Bild). Frostschutzmittel im Mörtel sind unzulässig. Gefrorene Baustoffe dürfen nicht verwendet werden, auf gefrorenem Baugrund darf nicht weitergemauert werden. Der Einsatz von Salzen zum Auftauen ist nicht zulässig. Mauerwerksteile, die durch Frost oder andere Einflüsse beschädigt sind, muß man vor dem Weiterbau abtragen.

Bei hochsommerlichen Temperaturen wird empfohlen, die Porenbetonsteine anzufeuchten. Das gilt auch für die erste Reihe eines jeden Geschosses, die in eine ausgleichende Schicht aus Normalmörtel kommt. Wichtig bei Hitze: Nur so viel Mörtel aufziehen, wie für einen Stein benötigt wird. Bei Arbeitspausen den Mörteleimer mit Folie abdecken und in den Schatten stellen.

... Innenwände errichtet werden, biegt man die Flacheisen hoch und trägt den Dünnbettmörtel auf. Danach Stein setzen und mit Gummihammer und Wasserwaage wie gewohnt ausrichten.

Auch runde Architektur ist mit Porenbeton möglich. Wenn der Radius (wie in unserem Beispiel) recht groß ist, kann noch mit ganzen Steinen gemauert werden.

Ein Ringbalken ersetzt die Wand aus Stahlbeton

Sagen Sie Ihrem Statiker frühzeitig, daß Sie Ihr Haus in eigener Regie erstellen möchten. Dann wird er im Falle hoher Erddrücke statt massiver Betonwände einzelne Ringbalken in den Kelleraußenwänden anordnen.

Selbstbauer sind hoffnungslos überfordert, wenn sie eine massive Betonwand herstellen sollen. Allein schon, um eine Wandschalung aufzubauen, braucht man sehr viel Erfahrung und geeignetes Schalmaterial. Bewehren und Betonieren sind dann noch einmal harte Jobs für sich. Wände aus Stahlbeton baut man in aller Regel bei hohem Grundwasserstand und großen Erddrücken. Den wasserdichten Betonkeller können nur Profis bauen. Sind lediglich hohe Erddrücke aufzunehmen, ist der Stahlbeton-Ringbalken die Lösung für Selbstbauer.

Wer sein Haus aus Porenbeton baut, hat auch beim Ringbalken gute Karten. Anstatt mit Holzbrettern zu schalen, nimmt man U-Steine oder schmale Platten, die innen und außen aufs Mauerwerk gemörtelt werden. Weiterer Vorteil: Man hat später beim Verputzen eine einheitliche Oberfläche.

Manchmal sind Ringbalken nur in ein oder zwei Kelleraußenwänden notwendig. Bei der Ausführung ist dann darauf zu achten, daß die Ringbalken tatsächlich von Hausecke zu Hausecke durchgezogen werden: So, daß diese Bauteile bis in die angrenzenden Außenwände führen.

Der Bewehrungskorb wird über der Schalung geknüpft

Aus Stabstahl und Eisenbügeln wird der Bewehrungskorb geknüpft. Die langen Eisenstangen legt man zunächst lose über der Schalung aus (aufbocken) und schiebt dann Bügel für Bügel an Ort und Stelle. Die Bügel müssen die Stabstahlstücke umschließen. Drehen Sie die Bügel so, daß deren Öffnungen nicht immer an derselben Stelle sitzen. Öffnungen umlaufend anordnen. Jetzt werden Längseisen und Bügel mit Draht verbunden. Wichtig ist, daß die Bügel zueinander den in der Statik geforderten Abstand haben und daß die Längseisen übereinander angeordnet werden: eine Lage innen, eine Lage außen. Sprechen Sie vor den Bewehrungsarbeiten mit Ihrem Bauleiter. Er sagt Ihnen genau, wo der Stahl liegen muß. Überlappende Stöße der Stahlstücke sollten ebenfalls nicht alle in einem Bereich liegen: Stöße versetzt anordnen. Nun lassen Sie den Bewehrungskorb in den Hohlraum der Wand ab und bringen Abstandhalter ein. Die sorgen für eine korrekte Lage der Armierung.

Bevor Sie dann Ihren Betonmischer in Gang setzen oder (bei größeren Mengen) Fertigbeton kommen lassen, feuchten Sie die gemauerte Schalung von innen an. Dann bringen Sie den Beton lagenweise ein und verdichten ihn gut mit der Kelle. Auch am Schalungsboden muß der Beton den Stahl massiv umhüllen. Die Oberfläche des frisch betonierten Ringbalkens sollten Sie sehr sauber abziehen. Betonreste sofort entfernen und herausstehende Kieselsteine des Betonzuschlags in die Oberfläche einreiben oder herausnehmen.

Nach dem Erhärten des Betons (etwa ein bis drei Tage später) tragen Sie den Dünnbettmörtel wie gewohnt auf: Und weiter gehen die Maurerarbeiten.

Ringbalken in der Kelleraußenwand

Die Ringbalkenschalung kann mit schmalen Porenbetonplatten hergestellt werden.

Alternativ ist es auch möglich, als Schalung sogenannte U-Steine zu nehmen.

Der Bewehrungskorb wird über der Schalung geknüpft. Stabstahl auslegen, Bügel anhängen.

Nun kann die große Balkenbewehrung mit Draht zusammengebunden werden.

Das fertige Drahtgeflecht wird auf Abstandhaltern in der Schalung fixiert.

Auch in den Ecken muß man die Eisen sorgfältig miteinander verbinden.

Installationsschlitze werden bei der Ringbalkenschalung berücksichtigt.

Vor dem Betonieren wird die Steinschalung angefeuchtet. Das gibt einen guten Verbund.

WISSENSWERT

Falls der Stahlbeton-Ringbalken rund um das gesamte Haus verläuft und dabei auch noch Erkervorsprünge zu berücksichtigen sind, kommt man nicht umhin, die dicken Stahlstangen biegen zu

müssen. Doch diese Arbeit ist sehr mühsam, das Ergebnis ist meist schlecht. Besser: Man läßt sich Anschlußstücke für die Ecken und Erker bereits vom Stahllieferanten anfertigen. Dann kann der Bewehrungskorb sehr sauber geknüpft werden. Die genauen Längen der Stabstahl-Formstücke nennt Ihnen der Statiker oder der Selbstbau-Partner.

Nun wird der Beton lagenweise eingefüllt und durch Stochern mit der Kelle gut verdichtet.

Über dem Ringbalken geht es wie gewohnt weiter: Dünnbettmörtel aufziehen und Steine setzen.

Keine Bretter, keine Keile: Für Stürze nimmt man Fertigteile

Langsam nimmt Ihr Keller Gestalt an. Die Zeiten, in denen Sie die Steine bequem vom Boden aus setzen konnten, sind vorbei. Sie brauchen jetzt ein solides Maurergerüst. Und noch etwas ist neu: In den Außenmauern müssen Sie die Aussparungen für die Kellerfenster berücksichtigen.

Oft haben Kellerfenster eine Höhe von 75 Zentimetern. Bei einer Rohbau-Geschoßhöhe von 2,50 Metern und einer Sturzhöhe von 25 Zentimetern müssen Sie also ab einer Wandhöhe von 1,50 Meter (Brüstungshöhe) die Fensteröffnungen vorsehen.

Wohnraumfenster haben oft eine Brüstungshöhe von einem Meter. Natürlich ist jede andere Fensterbrüstung genauso machbar. Am besten ist es aber immer, wenn man sich an das Mauerwerksraster hält. Das spart Zeit.

Sobald die Fensteröffnungen hochgemauert sind, muß man (genau wie bei den Türen) sogenannte Stürze bauen, mit denen die Rohbauöffnungen überbrückt werden. Früher wurden Stürze aufwendig mit Holz geschalt und dann betoniert. Inzwischen haben sich aber Fertigteile durchgesetzt. Stürze gibt es als Massivbauteil oder aber als U-Schale, die man ausbetoniert. Technisch ist es möglich, Porenbeton-Massivstürze bis zu einer lichten Weite von 1,75 Metern einzubauen. Für Selbstbauer ohne Kran ist es jedoch sinnvoll, nur über Türöffnungen in nichttragenden Wänden die dort noch relativ leichten Massivstürze zu wählen. Im tragenden Mauerwerk bringen die U-Schalen mehr Vorteile: Aufwendiges Schalen entfällt sowieso, und die Gewichte, die bewegt werden (U-Schale, Bewehrung, Beton), halten sich in Grenzen.

Bevor ein Sturz oder eine U-Schale eingebaut wird, stellt man die Auflager auf beiden Seiten her. Auflagertiefe: zwischen 20 und 25 Zentimetern. Die lichte Einbauhöhe beträgt bei Außenbauteilen (Fenster, Haustür) meist 2,25 Meter. Bei Innentüren muß bereits der spätere Fußbodenaufbau (Dämmung, Estrich, Belag) berücksichtigt werden. Die Formel für die lichte Rohbau-Türhöhe lautet „Höhe des Fußbodenaufbaus plus 2,01 Meter". Meist sind das 2,10 bis 2,12 Meter. Beim Mauerwerk aus Porenbeton genügt es, die Auflager rechts und links neben der Wandöffnung mit der Wasserwaage zu überprüfen und dann kleine Differenzen mit dem Schleifbrett abzutragen.

Hinweis: Manchmal reicht die Druckfestigkeit der Porenbetonsteine (üblich sind die Klassen P2 und P4) im Bereich der Sturzauflager nicht aus. Zum Beispiel bei großen Fenstern, wenn auf den Stürzen noch zusätzlich hohe Lasten ruhen: Das können Teile des Dachstuhls sein. Für solche Fälle hat der Statiker Steine einer hohen Festigkeit vorgesehen (zum Beispiel Kalksandsteine: KS20). Alternativ sind auch Betonauflager möglich. Wichtig: an Außenwänden eine Wärmedämmung anbringen.

Sobald die Auflager hergestellt sind, werden die Massivstürze und U-Schalen genau wie die Steine in Dünnbettmörtel gesetzt. Achtung: U-Schalen mit der Öffnung nach oben auflegen! Bei Massivstürzen die Kennzeichnung „unten" beachten. Wer Massivstürze einbaut, ist jetzt bereits fertig. Bei Stürzen aus U-Schalen wird nun

Die Mauern wachsen. Jetzt müssen Sie bereits die Fensteröffnungen aussparen.

Aufwendige Sturz-Schalungen aus Holz werden nur noch sehr selten gezimmert.

In der U-Schale setzt man den Bewehrungskorb auf Abstandhalter.

Stürze über Fenstern und Türen

Und schon ist es höchste Zeit, ein solides Maurergerüst aufzustellen.

Oben angekommen: Es werden passende Porenbetonsteine als Sturzauflager hergestellt.

Stimmen die Auflager? Unebenheiten trägt man bequem mit dem Schleifbrett ab.

Schneller kann man nicht schalen: Eine U-Schale wird in Dünnbettmörtel gesetzt.

Den Bewehrungskorb vorbereiten: eine Lage Stabstahl auslegen und Bügel daran festknüpfen.

Dann wird der Korb umgedreht und die zweite Stabstahllage mit Draht befestigt.

Die ausbetonierten Außenwandstürze bilden bereits das Auflager für die Decke.

Über Innenwandstürzen muß noch eine dünne Steinschicht gesetzt werden.

Wer Massivstürze einbaut, muß zwar große Gewichte heben, spart aber Zeit.

der Bewehrungskorb geknüpft. Diese Arbeit kennen Sie bereits vom Ringbalken. Mit dem einen Unterschied, daß der Bewehrungskorb für einen Sturz sehr viel leichter ist.

Zunächst legt man die in der Statik geforderten Stabstahlstücke einer Lage über zwei Steinen aus und knüpft die einzelnen Bügel daran fest (Abstand beachten). Tip zur Arbeitserleichterung: Nicht jeder Schnittpunkt von Stabstahl und Bügel bekommt eine Drahtverbindung. Es sind nur so viele Befestigungen nötig, wie die Konstruktion braucht, um in Form zu bleiben.

Nachdem die erste Lage des Längsstahls befestigt ist, drehen Sie den Korb um und knüpfen die zweite Lage der Stabstähle an den Bügeln fest. Anschließend wird das Gerippe so in die U-Schale gestellt, daß die Seite mit der höheren Stabanzahl unten liegt. Beispiel: Drei Längseisen liegen unten, zwei Längseisen liegen oben (Bild unten links). Wichtig: Bewehrungskorb auf Abstandhalter setzen. Abstand zur Schalwand: rund 1,5 Zentimeter. Beim Betonieren darf das Eisen nicht verrutschen.

Ehe Sie den Beton einfüllen, muß (wie immer beim Betonieren) die Schalung angenäßt werden. Erst dann wird der Beton lagenweise eingefüllt. Dabei durch Stochern mit der Kelle sofort gut verdichten!

Über Fensterstürzen wird normalerweise direkt die Decke gelegt. Über Innentürstürzen muß man noch weitermauern. Am besten fertigt man sich passende Steine an, mit denen man genau die Schichthöhe der angrenzenden Steinreihe erreicht. Entweder wird dann wieder durchgehend gemauert, oder man hat bereits die Höhenlage der Kellerdecke erreicht.

Hinweis: Lesen Sie vor dem Betonieren das „Merkblatt Stahlbeton" (Seite 120/121).

Nun kann die Kellerdecke kommen

Bauherren, die ihr Mauerwerk aus Porenbetonsteinen errichten, machen keinen Fehler, wenn sie sich für Fertigteildecken aus demselben Material entscheiden. So entsteht ein homogener Rohbau mit besten bauphysikalischen Eigenschaften.

Fertigteile sind „in". Denn ein komplettes Geschoß einzuschalen und dann die gesamte Decke zu betonieren, verursacht viele Arbeitsstunden. Aber mit Fertigteilen kann es ein Problem geben, wenn die Elemente auf dem Mauerwerk nicht vollflächig aufliegen: Dann wackeln die Platten. Bei Porenbeton ist die Lösung kinderleicht. Sollten die Auflager nämlich nicht absolut plan sein, greift man zum Schleifbrett und trägt alle Unebenheiten ab.

Mit der Decke beschäftigt man sich jedoch schon viele Wochen vor Beendigung des Kellermauerwerks, wenn entsprechend den Bauplänen die Deckenverlegepläne gezeichnet werden, die zugleich auch die Grundlage für die Fertigung im Werk sind.

Und irgendwann ist es dann soweit: Ein Lkw bringt die Platten zur Baustelle, die dann Stück für Stück aufs Mauerwerk gelegt werden. Wenn auf Ihrer Baustelle kein Kran steht, ist das nicht tragisch. Denn die meisten Bausatzhaus-Partner stellen einen mobilen Autokran zur Verfügung, so daß innerhalb von drei bis vier Stunden eine Geschoßdecke erledigt ist. Der Bauherr muß in aller Regel nur zwei bis drei Helfer organisieren, die zusammen mit einem Service-Meister des Deckenlieferanten die Fertigteile verlegen. Auf dem Lkw steht ein Mann, der die Platten am Greifer des Krans befestigt. Zwei Personen plazieren dann die Teile auf dem Mauerwerk. Die Mindestauflagertiefe beträgt dabei sieben Zentimeter. Der letzte Handgriff: Mit einem Spannbügel werden die Platten zusammengezogen. So rutschen Nut und Feder ineinander, und es entsteht eine Decke, die sofort begehbar ist.

Übrigens: Es ist egal, ob Sie einen einfachen Grundriß haben oder schräg zugeschnittene Teile auf Erkerwänden benötigen. Für alle Bedürfnisse können die Fertigteile paßgenau produziert werden.

Deckenrand abmauern, Ringanker betonieren: Und fertig ist der Keller

Sobald die Deckenplatten liegen, werden zur Vorbereitung des umlaufenden Betonringankers auf den Außenwänden sogenannte Deckenrandsteine gesetzt, deren Höhe genau der Dicke der Fertigteile entspricht. Man muß die Steine vor dem Einbau also nicht bearbeiten. Weiterhin bringen die Randsteine den Vorteil, daß man für den späteren Außenputz einen durchgehenden Untergrund hat. Wichtig: Damit die Bauteilbewegungen der Decke keine Risse im angrenzenden Mauerwerk verursachen können, werden Dämmstreifen aus Mineralwolle von innen an die Deckenrandsteine gestellt. So wird zugleich die erforderliche Wärmedämmung erreicht.

Mit dem Stahlbeton-Ringanker werden die einzelnen Fertigteil-Elemente zu einer gleichmäßig tragenden Decke. Die Bewehrung besteht normalerweise aus zwei Lagen Stabstahl (Durchmesser jeweils zehn Millimeter). Die Stöße dieser Stahllagen bitte versetzt anordnen. Auch über tragenden Innenwänden wird die Armierung verlegt. Im Bereich der Außenecken und überall dort, wo tragende Innenwände eingebunden sind, werden Stahlbügel entsprechend dem Verlegeplan montiert. Nicht vergessen: Abstandhalter einbauen.

Vor dem Betonieren das angrenzende Mauerwerk und die Deckenplatten im Bereich der Auflager vornässen. Den Beton dann gut verdichten. Die schmalen Fugen zwischen den Platten werden mit Mörtel ausgefüllt, nicht mit Beton: Denn die Kieselsteine des Betonzuschlags haben einen größeren Durchmesser als die Fugen breit sind.

Einen Tag nach dem Betonieren ist die Decke bereits voll belastbar.

Die Kellerdecke

Bevor die Kellerdecke kommt, muß man die Auflager überprüfen. Falls Unebenheiten ...

... entdeckt wurden, greift man zum Schleifbrett und nimmt die notwendigen Korrekturen vor.

Auf nichttragenden Wänden darf die Decke nicht aufliegen. Die Mauer niedriger ausführen.

Innerhalb von drei bis vier Stunden sind die Deckenplatten für ein Geschoß verlegt.

Mit Spannbügeln werden die einzelnen Platten ineinandergezogen.

Der nächste Schritt ist das Knüpfen der Stahlbewehrung für einen umlaufenden Ringanker.

Mit Deckenrandsteinen wird der Ringanker geschalt. Steine in Dünnbettmörtel setzen.

Mineralwolleplatten nehmen Bauwerksspannungen auf und sorgen für gute Wärmedämmung.

Nach dem Anfeuchten von Mauerwerk und angrenzender Decke wird der Ringanker betoniert.

Zum Schluß die Fugen zwischen den Fertigteilplatten mit Mörtel ausfüllen.

WISSENSWERT

Schornstein-Öffnungen stellt man mit einem Formteil aus Stahl her, das in unserem Beispiel auf ei-

ner durchlaufenden Deckenplatte und einer tragenden Wand ruht. Dieses Stahlteil trägt die gekürzten Platten.

Großzügig und preiswert: Die versetzte Ebene

Kleine Häuser wirken im Erdgeschoß wesentlich großzügiger, wenn man den Grundriß offen gestaltet. Zusatzgewinn: Durch das Weglassen von Wänden und Zimmertüren spart man viel Geld. Und wer zum Beispiel sein Wohnzimmer um ein paar Stufen absenkt, bringt noch mehr frischen Wind in die Innenarchitektur.

Kompliziert ist der Bau von zwei unterschiedlichen Ebenen innerhalb eines Geschosses nur auf dem Plan. Sobald die Entwürfe (wichtig: die Schnittzeichnungen) vorliegen, können die Deckenplatten und die notwendigen Stahlteile paßgenau angefertigt werden.

In unserem Beispiel wurde das Wohnzimmer um zwei Stufen (35 Zentimeter) abgesenkt. Die lichte Rohbau-Raumhöhe im Kellergeschoß hatte das Maß von 2,50 Meter. Lediglich im Bereich des Wohnzimmers wurden die Kellerwände nur 2,15 Meter hoch gemauert. Jeder kann sich vorstellen, daß das Errichten von Mauern unterschiedlicher Höhe keine Probleme bereitet. Nur im Bereich des Versatzes muß man sich ein paar Gedanken machen. Wir unterscheiden dort drei Fälle:

○ Fall 1: Die Fertigteile beider Ebenen verlaufen senkrecht zur Versatzlinie. Im Klartext: Die Platten liegen auf einer gemeinsamen Kellerwand auf, die zugleich 2,15 und 2,50 Meter hoch sein muß. Dies ist der komplizierteste Fall. Und den haben wir in unserem Beispiel vorgefunden.

Man mauert dort eine tragende Wand (Dicke 24 Zentimeter) zunächst bis auf 2,15 Meter hoch. Als Auflager für die obere Ebene dient nun ein zehn Zentimeter schmales Mauerstück, das bis auf 2,50 Meter Höhe geführt wird. Beim Verlegen der Decke aufpassen, daß die Fertigteile auf dieses schmale Wandstück mit größter Präzision aufgelegt werden. Grobe Schläge vermeiden. Dann kann nichts passieren.

Achtung: Da man später im Keller unter dem Wohnzimmer nur noch eine lichte Raumhöhe von rund 2,05 Meter hat (Rohbauhöhe minus Estrich), kann man keine Türstürze unterhalb der Decken-Ebene einbauen. Trick: Man verlegt die Fertigteile auf Stahlträgern, die die Funktion des Sturzes übernehmen. Sobald die Deckenplatten liegen, wird zuerst die untere, später die obere Ebene ausbetoniert. Bei einer Auflagertiefe von sieben Zentimetern und einer Restwanddicke von 14 Zentimetern (24 minus 10) verbleibt eine Ringankerdicke von sieben Zentimetern. Das reicht.

○ Fall 2: Die Deckenplatten verlaufen parallel zur Versatzlinie. Dort ist die Arbeit besonders einfach, da die gemeinsame Wand zunächst nur bis auf 2,15 Meter hochgezogen wird. Nachdem die Platten verlegt sind, wird wieder als erstes die untere Ebene ausbetoniert. Dann mauert man den Bereich zwischen der Oberfläche der unteren Ebene und der Unterseite der oberen Platten aus. Schließlich oberen Ringanker bauen und Plattenfugen füllen.

○ Fall 3: In einer Ebene verlaufen die Platten senkrecht, in der anderen parallel zur Versatzlinie. Wenn die oberen Platten parallel liegen, wird wie in „Fall 2" gearbeitet. Liegen die oberen Platten senkrecht, zieht man die gemeinsame Wand wie in „Fall 1" bis auf 2,50 Meter hoch. Allerdings kann man oben Steine einer Dicke von 17,5 Zentimetern wählen, da unten nur Platz für den Ringanker, nicht jedoch für ein Auflager gebraucht wird.

Tip: Die Treppe zwischen den Ebenen wird am preiswertesten aus Beton hergestellt (siehe Arbeitsanleitung).

Die Kellerdecke

Eine Wand, zwei Auflagerhöhen: Die obere Decke liegt auf einem schmalen Mauerstück auf.

Ein Stahlprofil ersetzt den Türsturz: Das Auflager des Profils in der Mauer aussparen. Nur so …

… können die Deckenplatten auch im Türbereich genau in einer Flucht verlegt werden.

Sobald die Platten der unteren Ebene liegen, geht es oben weiter.

Dann im unteren Bereich den Ringanker herstellen und die Fugen zumörteln.

Im Zuge des Weiterbaus gleich an die Treppenstufe denken: Die Form auf den Boden zeichnen.

Die runde Stufe wurde mit Porenbetonsteinen geschalt. Wichtig: Estrichhöhe berücksichtigen!

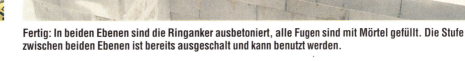
Eine dünne Hartschaumplatte als Trennschicht verhindert, daß der Beton an den Steinen haftet.

Fertig: In beiden Ebenen sind die Ringanker ausbetoniert, alle Fugen sind mit Mörtel gefüllt. Die Stufe zwischen beiden Ebenen ist bereits ausgeschalt und kann benutzt werden.

Alternativ: Hohlplatte oder Halbfertigteil

Manche Porenbeton-Bauherren entscheiden sich für Decken aus einem anderen Material. Die Gründe dafür können vielfältig sein: Der Bausatzhaus-Partner kann andere Fertigteiltypen günstiger anbieten, oder man bevorzugt die traditionelle Bautechnik und nimmt Halbfertigteile.

Damit der Transport zur Baustelle wirtschaftlich bleibt, müssen Fertigteile ein möglichst geringes Gewicht haben. Neben den leichtgewichtigen Porenbetonplatten stehen noch weitere Deckensysteme zur Auswahl. Zwei davon werden besonders oft genommen: die Hohlplatten- und die Halbfertigteildecke.

○ Die Hohlplattendecke (auch Vollmontagedecke genannt) unterscheidet sich in der Art der Verlegetechnik kaum von der Porenbetondecke. Die Vorbereitung des Auflagers erfolgt wie bereits beschrieben: Unebenheiten der Mauerkrone abschleifen. Da bei den relativ großflächigen Hohlplatten selbst kleine Unregelmäßigkeiten im Auflager zu unsauberen Ergebnissen führen (Platte wackelt), legt man zusätzlich dünne Dämmstreifen aus. Nun werden die Platten verlegt. Falls kein Kran vorhanden ist, wird ein Mobilkran eingesetzt. Verlegedauer je Geschoß: rund drei bis vier Stunden (mit drei Helfern). Sobald die Platten gelegt sind, wird die Eisenarmierung für einen umlaufenden Ringanker geknüpft. Anschließend den Deckenrand abmauern und den Ringanker betonieren. Schon ist die Decke voll belastbar. Der Bau der Decke kann also bequem an einem Wochenende über die Bühne gehen.

Übrigens: Die röhrenartigen Hohlräume in der Deckenplatte sind seitlich mit Kunststoffdeckeln verschlossen. So wird vermieden, daß beim Betonieren des Ringankers der Beton in die Decke fließt: Der Materialverbrauch wäre unnötig hoch.

○ Die Halbfertigteildecke (Filigrandecke) sieht man häufig auf Profi-Baustellen. Auf zuvor gestellten Abstützungen werden die vier bis fünf Zentimeter dünnen Betonplatten aufgelegt. In den Platten ist bereits der größte Teil der Bewehrung werksseitig einbetoniert, so daß man nur noch einige wenige Stahlmatten als Oberbewehrung verlegen muß. Dann wird mit einer dicken Betonschicht die endgültige Plattendicke hergestellt.

Die Halbfertigteildecke kann den Selbstbauer viel Zeit kosten

Was für hauptberufliche Bauarbeiter routinemäßiger Alltag ist, wird für Do-it-yourselfer oft zum Problem. Wer hat schon Sprieße, Stützen und Kanthölzer vorrätig, um 80 bis 100 Quadratmeter Deckenplatten zu unterbauen? Wer diese Hilfsmittel braucht, muß sie mieten oder kaufen. Sind dann die Platten endlich verlegt, wird betoniert. Man braucht dazu erneut eine Mannschaft wie einst beim Bau der Bodenplatte. Und man darf die Kosten für die Betonpumpe nicht vergessen!

Fazit: Die Halbfertigteildecke lohnt sich nur für wackere Selbstbauer, denen die verlängerte Bauzeit nichts ausmacht. Denn man muß damit rechnen, daß die Arbeit vom Aufstellen der Stützen bis zum Weiterbau im nächsten Geschoß drei Wochen und länger dauern kann.

Achtung: Falls die Decke zwei Wohnungen voneinander abtrennt (Einliegerwohnung, Mehrfamilienhaus), muß aus Schallschutzgründen eine massive Betondecke her. Dann gibt es kaum eine Alternative zum Halbfertigteil mit Überbeton.

Hinweis: Für jeden Fertigteiltyp gibt es individuell geschnittene Platten. Das können Elemente mit Schrägschnitt sein, die man zum Beispiel über gemauerten Erkern verlegt, oder Platten mit Schornsteinaussparungen oder mit Installationsöffnungen. Wichtig: Vor der Produktion müssen alle Maße sorgfältig ermittelt werden.

Natürlich lassen sich mit Hohlplatten- und Halbfertigteildecken auch versetzte Ebenen verwirklichen. Die Arbeitsanleitungen für Porenbetondecken auf den vorigen Seiten gelten bei Hohlplatten- und Halbfertigteildecken entsprechend.

Die Kellerdecke

Unter die relativ großflächigen Hohlplatten legt man Dämmstreifen. Auf diese Weise können kleine Unregelmäßigkeiten in der Mauerkrone ausgeglichen werden.

Die Deckenplatte hängt am Kranhaken und wird vom Bauherrn und einem weiteren Helfer millimetergenau verlegt. Wer keinen Baustellenkran hat, bekommt an diesem Tag einen Mobilkran.

Aussparungen sind bei Fertigteildecken kein Problem. Auch schräggeschnittene Deckenplatten über Erkern sind möglich. Wichtig: Vor der Fertigung alle Maße genau ermitteln.

Die Deckenplatten liegen: Nun muß der Bauherr die Bewehrung für den umlaufenden Ringanker knüpfen und in den Ecken Stahlbügel entsprechend der statischen Berechnung anordnen.

Sobald alle Ringankereisen an Ort und Stelle sind, wird der Deckenrand mit Porenbetonsteinen abgemauert. Bei der Bestellung dafür sorgen, daß Steine und Decke dieselbe Höhe haben!

Nun wird der Ringanker ausbetoniert. Danach die Fugen zwischen den einzelnen Platten ebenfalls verfüllen. Am nächsten Tag ist die Decke schon voll belastbar. Dämmschicht nicht vergessen!

Die Zusatzarbeiten bei Halbfertigteildecken

Selbst wenn man bei der Kalkulation der Baukosten zu dem Ergebnis kommt, daß die Halbfertigteildecke recht günstig ist, darf man die Kosten für den stützenden Unterbau aus Sprießen und Holz nicht vergessen. Und man darf die Arbeitszeit nicht unterschätzen: Zuerst im Abstand von etwa 1,50 Metern Halterungen für die Auflager befestigen. Dann den Unterbau errichten, Platten legen sowie Bewehrung und eventuell Leerrohre verlegen. Anschließend betonieren.

Es geht aufwärts: Die Treppe vom Keller ins Erdgeschoß

Während man die Treppe zwischen Erd- und Obergeschoß oft in Leichtbauweise aus Holz oder Stahl herstellt, wählen fast alle Bauherren für die Kellertreppe eine massive Betonkonstruktion. Weniger gut informierte Bauherren entscheiden sich dabei meist für Fertigteiltreppen, weil sie die Arbeit mit der Schalung überschätzen. Man muß wissen: Während beim Bau einer Geschoßdecke Fertigteile unschlagbar sind, sieht das bei der Treppe ganz anders aus. Da kann jeder Do-it-yourselfer einige tausend Mark sparen, wenn er weiß, worauf es ankommt.

Ein gerader Treppenlauf kann besonders einfach geschalt werden: Die schräge Schalungsunterseite besteht aus einzelnen Holzbrettern, die man nach unten hin gut abstützt. In der Statik können Sie nachlesen, wieviel Eisen in die Treppe gehört. Große Beachtung gilt dabei dem Auflager. Liegt die Treppe links und rechts im Mauerwerk auf, sind seitliche Schlitze notwendig, in die man die Bewehrung führt. Es muß garantiert sein, daß die Treppenlasten in die Wände abgetragen werden. Gibt es seitlich keine tragenden Wände, so liegt die Treppe oben und unten auf. Im Bereich der Bodenplatte dürfte das immer unproblematisch sein. An der Decke wird eine Verstärkung hergestellt: Stahlbetonbalken oder Stahlprofil. Vor dem Betonieren begutachtet dann Ihr Bauleiter die Armierung.

Nachdem die Stahlbewehrung eingebaut ist, geht es an die Treppenstufen, deren Verlauf man zuvor an die Mauern gezeichnet hat. Die Stufenbretter mit Nägeln an der Wand befestigen (siehe Bildfolge). Wichtig: Nägel nicht komplett einschlagen. Sonst fällt das Abschalen später unnötig schwer. Hinweis: Die Schalbretter müssen mindestens 2,4 Zentimeter dick sein und bei einer Treppenbreite von rund einem Meter eine Zusatzaussteifung pro Stufe bekommen. Den Betondruck bitte nicht unterschätzen!

Wichtig: Ordnen Sie die einzelnen Stufenschalbretter leicht versetzt an. Die Unterkante von „Stufe 2" wird etwa ein bis zwei Zentimeter unterhalb der Oberkante von „Stufe 1" gesetzt (siehe Skizze). Nach diesem Prinzip wird die gesamte Treppe geschalt. Die Differenz genügt, so daß kein Beton unter den Brettern hindurchrutscht. Falls man die Schalbretter nämlich nicht in dieser Art anordnet, fließt der Beton, den man oben einfüllt, aus den unteren Stufen wieder heraus. Tip: Den Beton nicht zu flüssig anrühren. Gegebenenfalls zwischendurch ein paar Minuten Pause einlegen. Dann kann der Beton bereits den Druck der nächsten Stufe ertragen.

Vergessen Sie bitte nicht, vor dem Betonieren Schalung und angrenzendes Mauerwerk anzufeuchten und den eingebrachten Beton zu verdichten. Und ziehen Sie die einzelnen Stufen sauber ab: Das ergibt schon die endgültige Oberfläche, auf der später die Bodenbeläge liegen werden.

Oft sind im Plan gewendelte Treppen eingezeichnet. Das Problem: Will man ei-

Fertigteiltreppen

Gerade und gewendelte Treppen gibt es als geschoßhohe Fertigteile. Aber auch Treppen mit einem Podest in halber Geschoßhöhe sind lieferbar. Wichtig ist, daß von Anfang an die Vermaßung genau feststeht, da Korrekturen später nicht mehr möglich sind. Und man muß sich beim Errichten der Mauern genau an die Pläne halten. Leider kommt es häufig vor, daß Fertigteiltreppen eben doch nicht passen, weil Kleinigkeiten übersehen wurden. Bei einer speziellen Art von Fertigtreppen kennt man dieses Problem nicht: Porenbetonstufen wachsen mit dem Mauerwerk. Die Stufen werden wie Massivstürze seitlich auf den tragenden Wänden aufgelegt (Bild unten).

Die preiswertesten Treppen baut man aus Stahlbeton. Wer dabei auf Fertigteile verzichtet und die Treppe später mit Standard-Fliesen belegt, erhält ein optimales Preis-Leistungs-Verhältnis.

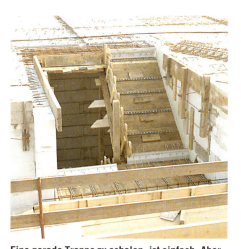
Eine gerade Treppe zu schalen, ist einfach. Aber auch zwei kurze Treppenläufe mit dazwischenliegendem Podest kann man sich als Selbstbauer zutrauen. Die Schalung immer gut aussteifen!

Sobald die untere Schalungsebene aufgebaut ist, wird die Stahlbewehrung verlegt. Die Stahlmatten und Stahlstäbe auf Abstandhalter setzen. Tip: Auf die Schalung eine Folie legen.

Nun wird die Stufenschalung montiert. Dabei werden die einzelnen Bretter ausgesteift, damit die Schalung beim Betonieren in Form bleibt. Den Betondruck nicht unterschätzen!

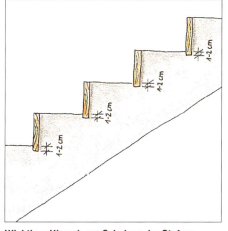
Wichtiger Hinweis zur Schalung der Stufen: Damit der Beton nicht aus den Stufen herausgedrückt wird, ordnet man die Schalbretter (wie in der Skizze gezeigt) versetzt an.

WISSENSWERT

Beim Treppenbau müssen der zukünftige Estrich und der Bodenbelag berücksichtigt werden. Das bedeutet, daß sich die Höhe der untersten Rohbaustufe aus Treppensteigung plus Estrichdicke errechnet. Der Belag der

obersten Stufe muß mit dem endgültigen Fußboden im Erdgeschoß in einer Ebene liegen. Deshalb wird man dort zu Rohbauzeiten eine „Stolperschwelle" haben, braucht dafür aber später den Belag nicht zu unterfüttern. Hat der Treppenbelag die gleiche Dicke wie der gewünschte Bodenbelag, entspricht die „Stolperschwelle" genau der Estrichdicke.

Nicht nur die Kunststoff-Folie auf der unteren Schalungsebene erleichtert das Abschalen. Wer die Nägel der Stufenschalung nicht voll einschlägt, hat's auch dort beim Abschalen leichter.

Beim Betonieren sofort die Oberflächen der Stufen sauber abziehen. Dann kann man später den Fliesenbelag ohne weitere Vorbereitung direkt mit Fliesenkleber aufbringen.

 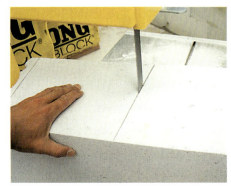 

Die Steine fürs runde Treppenhaus werden mit Hilfe einer Schablone hergestellt.

Mit der Bandsäge schneidet man in einem Rutsch alle Steine für die runden Wände zurecht und …

… lagert sie übersichtlich. Dann geht kein Stein verloren.

Auf den Boden den Verlauf der runden Treppenhauswände zeichnen.

Die erste Reihe der hinteren Wand in Normalmörtel ausrichten, Distanz zum Mittelpunkt messen.

Wie gewohnt werden nun alle weiteren Steine in Dünnbettmörtel gesetzt.

Auch die erste Schicht der vorderen Wand kommt in ein Bett aus Normalmörtel.

Wenn die Profilierung abgesägt wurde, zieht man in der Stoßfuge Dünnbettmörtel auf.

Die Steine mit Gummihammer und Wasserwaage ausrichten, dann die Mauer hochziehen.

ne gewendelte Treppe in einem eckigen Treppenhaus unterbringen, ufert die Schalungsarbeit aus. Die Lösung: Eine runde Treppe zwischen zwei runden Wänden. Dann ist die Arbeit längst nicht mehr so anspruchsvoll: zumal der Bau eines runden Treppenhauses gerade mit Porenbeton schnell erledigt ist. Bei einem kleinen Radius (bis etwa zwei Meter) muß man sich die notwendigen Formsteine vorher zusägen. Bei größeren Radien kann man mit Original-Material bauen. Zunächst wird der Verlauf der runden Mauern auf dem Boden aufgezeichnet. Dazu braucht man einen „Zirkel": Man schlägt einen Nagel im Kreismittelpunkt ein, daran befestigt man eine Schnur. Nun das freie Schnur-Ende um einen Bleifstift wickeln: Fertig ist das Zeichengerät. Die erste Steinschicht kommt wieder in Normalmörtel (Sperrpappe einlegen). Weiter geht es dann mit Dünnbettmörtel. Wichtig: Häufiger die Distanz zum Mittelpunkt messen.

Und jetzt zum Treppenbau: Zuerst zeichnen Sie die Treppenstufen an die Wände. Die Längen und Höhen der Stufen sind immer gleich. Bei einer gewendelten Treppe in einem eckigen Treppenhaus hätte dagegen jede Stufe eine andere Form. Als nächstes muß ein seitliches Treppenauflager (etwa sieben bis zehn Zentimeter tief) in die Wand gefräst werden.

Nun zimmert man die Schalung. Kanthölzer (vier mal sechs Zentimeter), die man an die Wände dübelt, bilden die Grundlage. Weil der Abstand der beiden Treppenwände überall gleich ist, kommen jetzt auch nur gleichlange Latten zum Einsatz. Schon die Herstellung ist denkbar einfach: Bei einer Geschoßhöhe von etwa 2,60 Meter bis Unterkante Kellerdecke benötigen Sie etwa 110 Dachlatten (Quer-

Die Kellertreppe

Beim Anzeichnen des Treppenverlaufs sorgfältig arbeiten. Auch an den späteren Estrich denken!

Falls Auflager in der Wand vorgesehen sind, müssen diese jetzt herausgefräst werden.

Kanthölzer, die man an die Wände dübelt, bilden die Unterlage für die runde Lattenschalung.

Nun geht's zur Sache: Die Latten werden in kürzester Zeit auf den Unterbau genagelt.

Beton wiegt rund 2500 Kilogramm pro Kubikmeter. Deshalb die Schalung supersolide abstützen.

Auf einer Folie verlegt man die Bewehrung. Die Eisen auch in die seitlichen Auflager führen.

Mit der Montage der Stufenschalung ist die Feinarbeit erledigt. Zusatzaussteifungen anbringen!

Der Beton wird eingebracht und sofort sorgfältig verdichtet. Stufenoberflächen sauber abziehen.

Verlorener Raum? Nein! Hinter der Treppenwand kann man Reste entsorgen oder Leitungen legen.

schnitt 2,4 mal 4,8 Zentimeter). Mit der Kettensäge oder dem Elektro-Fuchsschwanz ist der Vorrat in Minutenschnelle hergestellt. Und dann spüren Sie den Vorteil, den eine runde Treppe in einem runden Treppenhaus mit sich bringt: Das Aufnageln der unteren Schalung ist geradezu eine Kleinigkeit. Wichtig ist auch hier, daß die Schalung nach unten hin solide ausgesteift wird (zum Beispiel mit Bauholzresten oder leeren Steinpaletten). Dann wird entsprechend der Statik das Eisen eingebaut. In die seitlichen Wandschlitze die notwendigen Stahlstücke soweit einschieben, daß ein sicheres Aufliegen der Stahlbetontreppe gegeben ist. Tip: Zwischen Schalung und Stahlbewehrung eine Kunststoff-Folie legen. Dann fällt das Abschalen später leichter, und Sie können die unversehrten Bretter für eine weitere Treppe verwenden.

Der letzte Schritt beim Bau der runden Treppenschalung ist das Anbringen der Stufenbretter. Erneuter Vorteil: Auch hier haben alle Hölzer die gleichen Abmessungen. Wichtig: Aussteifungen anbringen.

Nach dem Anfeuchten der Schalung Beton einbringen und gut verdichten.

Übrigens: Die runde Treppe bringt einen hübschen Zusatzeffekt. Sie wirkt elegant und luxuriös. Und noch etwas: Hinter der äußeren runden Wand entsteht ein Raum, in dem man Bauschuttreste kostenlos entsorgen kann. Oder man verlegt dort Installationsleitungen. Oder beides.

Tip: Berechnen Sie die Betonmenge, die Sie insgesamt für Deckenringanker und Kellertreppe benötigen. Wenn Sie in einem Rutsch betonieren, kann es günstiger sein, ein Betonlieferfahrzeug zu bestellen, als diese Kubikmeter mühsam mit der eigenen Mischmaschine anzurühren.

Schicht für Schicht wird der Keller dicht

Früher war es üblich, die Kelleraußenwände mit Zementmörtel zu verputzen und durch spezielle Anstriche vor Feuchtigkeit zu schützen. Diese mühevollen Zeiten sind vorbei. Heute kommen Bitumen-Spachtelmassen (Dickbeschichtung) oder Bitumen-Dichtungsbahnen zum Einsatz. In der Wirkung sind beide Systeme gleich.

Bevor die weißen Porenbetonwände schwarz werden, bereitet man den Untergrund sorgfältig vor: überstehende Mörtelreste von der Wandoberfläche entfernen und schadhafte Stellen (auch Grifftaschen und Stoßfugen-Nuten) spachteln. Herausstehende Feder-Profilierungen mit dem Schleifbrett abtragen. Anschließend die gesamte Oberfläche abfegen: Der Untergrund muß fest, staub- und frostfrei sein. Wichtig: Der Übergang von der Wand zum Fundamentvorsprung wird als „Hohlkehle" ausgeführt. Mit einer Flasche als Werkzeug wird eine „Rutsche" modelliert, über die das Wasser vom Haus wegfließt. Alternativ kann dort mit der Kelle eine schiefe Ebene hergestellt werden.

Nun trägt man eine Grundierung mit dem Quast auf. Für manche Abdichtungssysteme gibt es fertige Grundierungen im großen Eimer oder Kanister. Oftmals wird aber auch die Spachtelmasse vor Ort mit sehr viel Wasser verdünnt und als Grundierung verwendet. Wichtig: Studieren Sie die Hersteller-Angaben genau.

Bei warmer Witterung kann schon nach ein bis zwei Stunden mit der eigentlichen Kellerabdichtung begonnen werden. Herrschen kühle Temperaturen sollte man damit bis zum nächsten Tag warten. Mindesttemperatur beim Verarbeiten: 2 °C.

Es gibt zwei verschiedene Sorten von Spachtelmassen:
○ Die einkomponentige Bitumen-Abdichtung wird fix und fertig aus dem Eimer in einer Schicht (etwa fünf Millimeter dick) mit der Glättkelle aufgetragen.
○ Die zweikomponentige Masse kostet mehr Mühe. Zunächst werden die Bitumenmasse und das Härterpulver miteinander verrührt: Bohrmaschine mit Quirl verwenden! Anschließend die erste Schicht aufziehen (Mindestdicke zwei Millimeter). In die noch frische Masse bettet man zur Erhöhung der Rißfestigkeit eine Glasgewebearmierung (mit der Glättkelle andrücken). Die einzelnen Gewebebahnen müssen sich mindestens zehn Zentimeter überlappen. Nach dem vollständigen Abtrocknen der ersten Spachtelmassenschicht wird die zweite Lage aufgetragen, die so dick sein muß, daß von der Gewebearmierung nichts mehr zu sehen ist.

Hinweis: Rühren Sie die zweikomponentige Spachtelmasse nie auf Vorrat an, verarbeiten Sie das Material sofort. Und noch etwas: Es wurde beobachtet, daß ge-

Die Vorbereitung beginnt: Federprofilierungen werden mit dem Schleifbrett abgetragen.

Löcher im Mauerwerk sowie Grifftaschen an den Hausecken mit Mörtel ausfüllen.

Werkzeug Flasche: So wird im Fundamentbereich eine „Hohlkehle" modelliert.

Es muß später sichergestellt sein, daß anfallendes Wasser vom Haus wegfließen kann.

Dichtungsbahnen

Die Vorbereitungen für das Aufbringen von Abdichtungsbahnen: Mörtelreste entfernen, Löcher spachteln, „Hohlkehle" mörteln, Grundanstrich auftragen. Nun baut man sich einen „Abroller" (Bild oben) und schneidet die erste Dichtungsbahn zu. Dabei den Bedarf für „Hohlkehle" und Fundamentüberstand berücksichtigen. Die Bahn wird an einer Markierung lotrecht ausgerichtet: anschließend das Schutzpapier auf

einer Länge von etwa einem Meter abziehen. Die Dichtungsbahn oben mit Dachpappstiften sichern und den ersten Meter unter kräftigem Andrücken am Mauerwerk ankleben. Nun das Schutzpapier stückweise entfernen, bis die gesamte Bahn angebracht ist (Bild Mitte). Die folgenden Bahnen mit Überlappungsstoß (zehn Zentimeter) ankleben. Für Rohrdurchgänge nimmt man ein Quadrat: Kantenlänge etwa 40 Zentimeter. Der Durchmesser des Ausschnitts muß zwei Zentimeter kleiner sein als das Rohr selbst (Bild unten). Wichtig: Weitere Herstellerangaben beachten.

Mit dem Aufbringen der Grundierung ist die Vorbereitung abgeschlossen.

Hilfreich ist, wenn man das Gittergewebe von oben angereicht bekommt.

Nun erhält das nächste Wandstück die erste Bitumenschicht.

An Rohrdurchgängen (Abwasser, Frischwasser, Strom etc.) besonders sorgfältig arbeiten.

Die erste Schicht der Bitumen-Spachtelmasse wird mindestens zwei Millimeter dick aufgetragen.

In die noch frische Bitumenmasse wird die Gewebearmierung eingebettet.

Nachdem die erste Bitumenschicht komplett getrocknet ist, zieht man die Deckschicht auf.

Die Bitumen-Abdichtung bitte 15 Zentimeter unter die Fundamentoberkante führen.

Mit der Schaufel wird die Drainagebettung vorbereitet. Dabei bereits das Gefälle berücksichtigen.

Als nächstes legt man ein Filtervlies aus. Darauf eine dünne Kiesschicht verteilen.

Anschließend die Drainageleitung ausrollen und ständig das Gefälle mit der Wasserwaage prüfen.

Über der sorgfältig ausgerichteten Drainage verteilt man eine weitere Kiesschicht.

Am höchsten Punkt wird eine Revisionsleitung nach oben geführt. In Ecken Formteile einbauen.

Nun schlägt man das Filtervlies um. Eventuell braucht man einen Zusatzstreifen.

Schon kann die erste Reihe der Drainageplatten an die Bitumenbeschichtung geklebt werden.

Das Filtervlies schützt Drainageplatten, Kiesschicht und Drainage vor Verunreinigungen.

rade an warmen Tagen das Material sehr schnell abbindet, wenn man die volle Menge Härterpulver eingerührt hatte. Besser: nur etwa die Hälfte bis zwei Drittel der angegebenen Dosis nehmen.

Unabhängig davon, ob Sie nun mit ein- oder zweikomponentiger Spachtelmasse arbeiten, müssen alle Rohrdurchgänge (Abwasser, Frischwasser, Strom etc.) und der Bereich der „Hohlkehle" besonders sorgfältig ausgeführt werden. Das Material mindestens 15 Zentimeter unter die Fundamentoberkante ziehen. Tip: Die Gewebearmierung wird an Rohrdurchgängen aufgeschnitten. Dann einen schmalen Gewebestreifen zusätzlich ums Rohr legen und dick in Bitumenmasse betten. Darauf achten, daß an jeder Stelle das Wasser ungehindert abfließen kann. Führen Sie alle Abdichtungsarbeiten sauber aus. Denn schadhafte Abdichtungen können schnell zu Bauschäden führen.

Übrigens: Den Herstellerhinweis „Arbeitsgeräte mit Wasser reinigen" kann man vergessen. Die Bitumenmasse ist so hartnäckig, daß sie nicht zu entfernen ist. Beruhigend: Auf dem Mauerwerk haftet sie genauso gut. Bitte machen Sie nicht den Fehler, die Geräte mit Dieselkraftstoff zu reinigen. Das funktioniert zwar, es stinkt dann auf der Baustelle jedoch stundenlang wie nach einem Chemieunfall!

Hinweis: Manche Bitumenmassen können sogar bei drückendem Wasser eingesetzt werden (zum Beispiel „Bauta Bitumen-Dick-Beschichtung"). Gearbeitet wird wie in der Bildfolge: Grundieren, erste Schicht aufziehen, Gewebe einbetten, Deckschicht auftragen. Wichtig: Die Mindestschichtdicke beträgt sechs Millimeter.

Die Drainage schützt das Haus ebenfalls vor Feuchtigkeitsschäden

Wenn das Haus auf bindigem, wasserundurchlässigem Baugrund steht, schützt eine Drainage ebenfalls vor Feuchtigkeitsschäden. Anfallendes Oberflächenwasser sickert an der Kellerwand durch Drainageplatten zum Fundament. Kleine Schlitze in der Drainage nehmen dieses Wasser auf, das dann zu einem Sickerbecken oder zum Straßenkanal (weniger umweltfreundlich) geleitet wird.

Vorbereitend stellt man mit der Schaufel rund ums Haus die Drainagebettung her. Dabei schon das endgültige Gefälle berücksichtigen (etwa 0,5 bis einen Zentimeter pro Meter Leitung). Wichtig: Die Drainage muß immer unterhalb der Bodenplattenoberfläche liegen. Als nächstes wird auf der Sohle ein Filtervlies ausgelegt. So wird eine Verstopfung der Drainage durch feinkörnige Bodenteilchen verhindert. Auf die Filtermatte kommt eine rund fünf Zentimeter dünne Kiesschicht. Bitte sorgfältig verdichten! Darüber wird anschließend die Drainageleitung verlegt (immer wieder das Gefälle prüfen). An Hausecken empfiehlt es sich, Winkelstücke einzubauen.

Manche Hersteller bieten spezielle Eckformteile an, auf die man auch eine senkrechte Verlängerung als Revisionsschacht aufstecken kann. Sehen Sie am höchsten Drainagepunkt eine Revisionsleitung vor, die bis über das endgültige Geländeniveau geführt wird. Sollte jemals die Drainagewirkung nachlassen, können Verunreinigungen mit einem kräftigen Wasserstrahl herausgespült werden. Empfehlung der Hersteller: Wenigstens alle zwei Jahre eine Spülung durchführen. Unterhalb der geplanten Lichtschächte baut man „T-Stücke" ein. Von dort legt man zur Entwässerung der Lichtschächte Drainagerohre nach oben. Alternativ: Abwasserrohre. Wenn die Drainage ausgerichtet ist, wird eine weitere Lage Kies eingebracht: Mindestdicke zehn Zentimeter. Um nun das Drainagerohr auch von oben vor Verstopfung zu sichern, wird das Filtervlies umgeschlagen. Falls die Breite nicht ausreicht, eine weitere Filtermatte mit Überlappung (zehn Zentimeter) auslegen.

Nun werden die ersten Drainageplatten am Mauerwerk festgeklebt und von außen ebenfalls mit einem Vlies geschützt. Der Baugrubenarbeitsraum kann jetzt bereits ein paar Zentimeter mit Erdaushub verfüllt werden. So bekommt man eine trittfeste Unterlage für die nächsten Arbeiten. Denn weiter geht's mit der Montage der glasfaserverstärkten Polyester-Lichtschächte. Zum Markieren der Schraubenlöcher wird der Schacht in der gewünschten Position an der Wand ausgerichtet. Zuvor den Gitterrost befestigen. Jetzt können Sie die Löcher ins Mauerwerk bohren, die Dübel setzen und den Lichtschacht anschrauben.

Anschließend die restlichen Drainageplatten mit Filtervlies anbringen. Übrigens: Die Platten schützen die Bitumenabdichtung vor Beschädigung durch spitze Steine und sie bringen eine zusätzliche Wärmedämmung des Kellergeschosses.

Vor der Montage bekommt der Lichtschacht einen Gitterrost.

Ein fest angeschraubter Metallstreifen verhindert, daß Einbrecher später das Gitter abnehmen.

Mit der Wasserwaage den Lichtschacht ausrichten. Anschließend die Löcher markieren.

Zur einfachen Montage drückt man den Lichtschacht mit einem Holzbrett an die Hauswand.

Sobald alle Lichtschächte befestigt sind, können die Drainageplatten komplettiert werden.

Bitte niemals vergessen: An die Drainageplatten gehört ein Filtervlies.

Vor dem Verfüllen des Arbeitsraumes die Regenwasserleitung zum Straßenkanal führen.

Ökotip: Bitte gewöhnen Sie es sich nicht an, Ihren Müll in die noch offene Baugrube zu kippen.

„Rohbau light": Das Erdgeschoß

Die Bauarbeiten gehen jetzt noch schneller als im Keller, weil die Steine für die Erdgeschoßaußenwände wegen der notwendigen Wärmedämmung leichter sind als Kellersteine. Ein hoher Luftporenanteil erhöht bei gleicher Bauteildicke die Wärmedämmung und reduziert das Gewicht.

Bevor es mit den Maurerarbeiten fürs Erdgeschoß weitergeht, betreiben wir ein wenig Baustoffkunde. Bei Ihrem Porenbeton-Bau kommen hauptsächlich die Steinfestigkeitsklassen P2 (niedrige Rohdichte) und P4 (höhere Rohdichte) zum Einsatz. Dabei werden die Außenmauern oberhalb des Erdniveaus mit P2-Steinen gemauert, das gesamte Kellergeschoß sowie alle Innenwände mit P4-Steinen. Lediglich die Auflager von hochbelasteten Stürzen fordern eine noch höhere Steinfestigkeitsklasse. Die kennzeichnende Zahl gibt die Mindestdruckfestigkeit des jeweiligen Steins in „N/mm^2" (Newton pro Quadratmillimeter) an. Ein „Newton" kann mit rund 100 Gramm gleichgesetzt werden. Um auf der Baustelle Verwechslungen der Steinfestigkeitsklassen zu vermeiden, werden die Porenbetonsteine mit Farben markiert: grün (P2), blau (P4), rot (P6).

Achtung: Die Mindestdruckfestigkeit des einzelnen Steins ist nicht mit der zulässigen Belastbarkeit des kompletten Mauerwerks gleichzusetzen! Dessen Tragfähigkeit kann deutlich geringer sein.

Doch der Rohbau geht jetzt nicht nur wegen der leichteren Steine schneller voran. Auch die Tatsache, daß Sie im Erdgeschoß wesentlich mehr Fenster haben als im Keller, wirkt sich auf das schnelle Wachstum der Wände aus. Schließlich müssen deutlich weniger Steine verarbeitet werden. Wundern Sie sich also nicht, wenn die Nachbarn staunend vor Ihrem Rohbau stehen. Denn das Bautempo ist ab jetzt für jedermann erkennbar.

Bevor die erste Steinfuhre fürs Erdgeschoß geliefert wird, sollten Sie auf der fertigen Kellerdecke die Erdgeschoßwände markieren. Falls sich herausstellt, daß die Außenmaße vor Ort mit den Angaben im Plan nicht ganz genau übereinstimmen, muß man den Fehler sofort ausgleichen. Von kleinen Mauerwerksüberständen oder Rücksprüngen brauchen Sie sich aber nicht irritieren zu lassen. Solche Schönheitsfehler können später mit dem Außenputz leicht korrigiert werden.

Achtung: Obwohl Ihre Kellerdecke jetzt voll belastbar ist, dürfen Sie die neuen Steinpaletten nicht wahllos übereinanderstapeln. Denn das hält die Decke nicht aus. Paletten plaziert man in der Nähe von tragenden Wänden, so daß sie griffbereit zur Verfügung stehen, beim Weiterbau aber nicht behindern.

Schnell werden Sie feststellen: Die Arbeitsschritte, die Sie vom Keller bereits kennen, wiederholen sich nun ständig. Die erste Schicht wird in gewohnter Weise angelegt. Ecksteine in ein ausgleichendes Mörtelbett setzen, Schnüre spannen und die Reihen ausmauern. Auf Sperrpappe wird in aller Regel verzichtet. Hinweis: Wer kein Nivelliergerät mehr zur Verfügung hat, kann die Höhenlage der Ecksteine auch mit einer Schlauchwaage überprüfen. Das Ziel ist wieder, daß die erste Steinschicht absolut in einer Ebene liegt. Dann funktioniert das Weitermauern mit Dünnbettmörtel reibungslos.

Die Technik des Mauerns braucht nun nicht mehr erklärt zu werden, da Sie ja längst wissen, wie man Wände mit Dünnbettmörtel errichtet. Das Einbinden der Innenwände sowie die Installationsschlitze werden Sie dabei genausowenig vergessen wie das Abschleifen von Unebenheiten. Halt, zwei neue Fragen stellen sich doch:
○ Wo werden Nischen für Heizungs- und Wasserverteiler eingebaut?
○ Soll man Heizkörpernischen vorsehen oder nicht?

Während man die erste Frage mit Hilfe der Schlitzpläne (die bekommt man vom Anbieter der Installationsbausätze oder vom Installateur) ganz leicht beantworten kann, muß man über die Heizkörperni-

Das Erdgeschoßmauerwerk

Bevor die neuen Steine kommen, werden die Erdgeschoßwände auf der Decke aufgezeichnet.

Die Steinpaletten plaziert man so, daß sie beim Weiterbau nicht behindern.

Das, was draufsteht, ist auch drin: Festigkeit und Abmessungen sind auf die Verpackung gedruckt.

Die Ecksteine richtet man in Normalmörtel höhengleich aus: mit dem Nivelliergerät kontrollieren.

Falls kein Nivelliergerät vorhanden ist, prüft man die Höhenlage mit der Schlauchwaage.

Sobald die Ecksteine sitzen, wird die erste Schicht an der Schnur entlang ausgemauert.

Und dann geht's wieder schnell: Dünnbettmörtel aufziehen, Steine setzen.

Nicht nur die Schlitze für die Fallrohre, auch die Nischen für die Verteiler spart man gleich aus.

WISSENSWERT

Das Verfüllen der Baugrubenarbeitsräume überlassen Sie einem Erdbauprofi. Das geht schneller als mit Schaufel und Schubkarre: Außerdem schonen Sie Ihre Kräfte. Wichtig: Füllen Sie die Baugru-

benarbeitsräume noch nicht bis oben zu. Erst wenn der komplette Rohbau steht, können die Kellerwände den vollen Erddruck verkraften. Warnung: Auf gar keinen Fall mit dem Verfüllen beginnen, wenn die Kellerdecke noch nicht liegt und der Ringanker noch nicht ausbetoniert ist. Risse im Mauerwerk können die Folge sein.

Falls geplant, werden zur Vorbereitung für zweischaliges Mauerwerk Drahtanker eingemörtelt.

Die sogenannte Z-Abdichtung muß man jetzt auch schon einbauen.

schen schon intensiver nachdenken. Weil Heizkörper meist unter Fenstern angeordnet werden, hat man früher die Fensterbrüstungen schmaler als das übrige Außenmauerwerk ausgeführt: So wurden die teilweise recht wuchtigen Heizkörper ein wenig versteckt. Heute spricht längst nicht mehr soviel für Nischen, zumal moderne Wohnheizkörper keine unansehnlichen Gebilde mehr sind. Weiterhin bräuchte die verbleibende dünne Mauer eine zusätzliche Innendämmung (bauphysikalisch ungünstig: Gefahr von Tauwasserbildung). Tip: Auf Nischen verzichten, flache Wohnheizkörper und entsprechend breite Fensterbänke wählen.

Ein großer Schritt zum Niedrigenergiehaus: Dicke Wände

Aus noch einem anderen Grund sollte man nicht über die Querschnittsschwächung, sondern eher über die Querschnittsvergrößerung von Außenwänden nachdenken. Stichwort „Niedrigenergiehaus". Zwar erreicht man mit 30 Zentimeter dicken Porenbetonaußenwänden einen hervorragenden Wärmeschutz, doch besser sind Wände aus 36,5 Zentimeter dicken Steinen. Die Technik des Mauerns bleibt dabei die gleiche. Tip: Lassen Sie sich von Ihrem Bausatzhaus-Partner einmal den Preisunterschied errechnen. Die Mehrinvestition dürfte sich in jedem Fall lohnen: Es werden niedrigere Betriebskosten anfallen, die Umwelt wird geschont.

Und noch etwas zu Außenwänden: Die einschalige Mauer ist zwar die beste Konstruktion, weil sie einfach und weitgehend risikofrei herzustellen ist. Doch wenn gute Wärmedämmung in Verbindung mit optimalem Schallschutz bei häufiger Schlagregenbeanspruchung gewünscht wird, muß das Außenmauerwerk zweischalig ausgeführt werden. Die Verblender verbindet man durch nichtrostende Drahtanker mit der Innenmauer. Zur Vorbereitung mörtelt man jetzt schon diese Stahlstücke in die Lagerfuge ein. Anzahl: fünf Stück pro Quadratmeter Wandfläche. „Z-Folie" nicht vergessen (siehe Skizze). Die Außenschale selbst wird erst errichtet, wenn der Rohbau komplett steht.

Für all jene Bauherren, die Stützen in der Fassade eingeplant haben, wird es jetzt höchste Zeit, diese Bauteile in Angriff zu nehmen. U-Schalen, die man normalerweise zum zeitsparenden Bau von Tür-

Säulen aus Beton

Architektonisch gesehen sind auch runde Stützen (Säulen) interessant. Die lassen sich mit Einweg-Pappschalungen leicht realisieren. Über einen runden Bewehrungskorb wird die leichte Schalung geschoben, die man unten und oben mit einem Holzkranz fixiert. Unten sind Säulen meist über Anschlußeisen mit der Decke verbunden. Oben gibt es einen Anschluß in die nächste Decke oder (wie in unserem Beispiel) in einen Sturz, der dann gleich mitbetoniert wird. Wichtig: Den Beton langsam einfüllen und dann vorsichtig mit einer langen Eisenstange stochernd verdichten! Zwei Tage nach dem Betonieren wird durch Ziehen an einer Reißleine die runde Betonsäule freigegeben.

und Fensteröffnungen nimmt, setzt man auch beim Stützenbau ein. Es muß aber beachtet werden, daß die Norm für Stahlbeton eine Mindestbauteildicke von 20 Zentimetern fordert. Da aber nur der massive Stahlbetonquerschnitt innerhalb der U-Schale statisch wirksam ist, werden U-Schalen mit entsprechend großen Außenabmessungen gewählt. Empfehlung: Während der Planung Gedanken über Querschnitt und Konstruktion der Stützen machen und mit dem Statiker besprechen.

Und so wird's gemacht: Das Porenbeton-Formteil auf zwei schmalen Holzstücken (spätere Mörtelbettdicke) aufstellen und mit Kanthölzern seitlich fixieren. Nun die U-Schale mit der Wasserwaage ausrichten. Anschließend den Bewehrungskorb nach den Angaben in der Statik knüpfen und einbauen. Die Verbindung zum Untergrund erfolgt über Anschlußeisen, die im Deckenringanker einbetoniert wurden.

Achtung: Falls zwischen Stahlbetonkern und U-Schale eine zusätzliche Wärmedämmung erforderlich wird, müssen die Abmessungen des Bewehrungskorbs etwas kleiner sein. Aber dabei den Stahlbeton-Mindestquerschnitt beachten.

Nun können die Lagerhölzer entfernt und der Raum zwischen Boden und U-Schale mit Mörtel verpreßt werden. Jetzt und bei allen folgenden Schritten muß man die Position der U-Schale ständig mit der Wasserwaage prüfen. Korrekturen sind in diesem Zustand noch möglich.

Direkt nach dem Verpressen mit Mörtel beginnt das Ausbetonieren. Warten Sie nicht, bis der Mörtel hart geworden ist. Dann würde nämlich bereits ein kleiner Stoß genügen, um diese Mörtelverbindung wieder zu lösen. Wenn Sie jetzt sofort mit dem Betonieren beginnen, können Mörtel und Beton gleichzeitig abbinden. So wird das Ergebnis optimal.

Eine schmale Porenbetonplatte (etwa 60 Zentimeter lang) aufrecht am Boden an die offene Seite der U-Schale gemörtelt, gibt den ersten Betonier-Abschnitt vor. Wichtig: Die Platte mit Holzbrett und Schraubzwingen aussteifen, denn der flüssige Beton übt einen extremen Druck auf die Schalung aus! Die Schalung vor dem Betonieren anfeuchten.

Nachdem der erste Abschnitt verfüllt und verdichtet ist, wird die zweite Porenbetonplatte für den nächsten Betonier-Abschnitt angemörtelt. In diesem Rhythmus

Säulen und Stützen

Zur Vorbereitung des Stützenbaus werden Anschlußeisen im Deckenringanker eingebaut.

Die U-Schale auf Holzstücken aufstellen, fixieren und mit der Wasserwaage ausrichten.

Mit der Trennscheibe schneidet man den Stabstahl für die Armierung zu.

Der Bewehrungskorb für die Stütze wird entsprechend der statischen Berechnung geknüpft ...

... und anschließend in die U-Schale eingefügt. Mit den Anschlußeisen der Decke verbinden!

Jetzt kann man die Lagerhölzer entfernen und den Hohlraum mit Mörtel verpressen.

Eine dünne Porenbetonplatte wird an die offene Seite der U-Schale gemörtelt. Mit Brett und ...

... Schraubzwingen sichern. Dann kann der Beton eingefüllt und verdichtet werden.

WISSENSWERT

Wenn in der Statik gemauerte Pfeiler aus hochfesten Steinen als ausreichend tragfähig nachgewiesen wurden, braucht man nicht zu betonieren. Aber während der Bauphase besteht die

Gefahr, daß die schlanken Mauerpfeiler durch Unachtsamkeit oder starken Wind zu Bruch gehen. Hinweis: Die Mindestabmessungen tragender Pfeiler betragen nach der Mauerwerksnorm (DIN 1053, Teil 1) 11,5 mal 36,5 oder 17,5 mal 24 Zentimeter. Wichtig: Die Standsicherheit muß vom Statiker nachgewiesen werden.

Abwechselnd Porenbetonplatten anmörteln und den Beton einbringen.

Fertig. Die Anschlußeisen werden später beispielsweise in einen Sturz geführt.

Der Rohbau aus Porenbeton

Vor dem Einbau prüfen: Liegen die Auflager für den Rolladenkasten genau in einer Ebene?

Unebenheiten mit dem Schleifbrett abtragen, Schleifstaub abfegen.

Mit Dünnbettmörtel können kleine Unebenheiten im Auflager ausgeglichen werden.

Tragende Rolladenkästen sind sehr schwer. Das Bauteil mit ein bis zwei Helfern setzen.

Nur den kleinen Kasten (bis etwa ein Meter Länge) hat man allein gut im Griff.

Feinarbeit: Mit einem schmalen Porenbetonscheibchen den Zwischenraum ausfüllen.

Vor dem Verfüllen der Mörteltaschen das angrenzende Mauerwerk gut anfeuchten.

Anschließend den Beton in die seitlichen Mörteltaschen einbringen und mit der Kelle verdichten.

Die nächste Steinschicht wird wie gewohnt in Dünnbettmörtel gesetzt.

wird weitergebaut. Baustahlstäbe, die man oben aus der U-Schale herausragen läßt, bindet man entweder in einen Sturz oder in einen Rolladenkasten ein.

Rolläden oder Stürze? In beiden Fällen braucht man ebene Auflager

Wer sich als Selbstbauer für Rolläden entscheidet, muß beim Errichten des Mauerwerks über den Fensteröffnungen Rolladenkästen setzen, in denen später der Rolladenpanzer aufgewickelt wird. Dabei gibt es zwei Möglichkeiten: Nichttragende Kästen mit einem zusätzlichen Sturz aus Stahlbeton oder tragende Kästen, die zugleich Sturz und Rolladendepot sind.

Es ist klar, daß die zweite Möglichkeit schneller auszuführen ist als der Kasten mit Extrasturz. Aber: Der tragende Rolladenkasten ist deutlich teurer als sein nichttragender Konkurrent. Tip: Lassen Sie sich wieder beide Varianten anbieten und vergessen Sie nicht, beim nichttragenden Kasten auch Stahl und Beton mitzukalkulieren.

Nun gibt es aber für Selbstbauer einen wichtigen Grund, sich auf jeden Fall für den tragenden Rolladenkasten zu entscheiden. Dann nämlich, wenn man hohe Fenster plant und zugleich auf die Vorteile einer Fertigteildecke nicht verzichten will. Man muß sich klarmachen: Die Bauhöhe des Kombi-Bauteils (Sturz und Rolladenkasten in einem) beträgt meist nur 25 Zentimeter. Darüber kann direkt die Decke aufgelegt werden. Hohe Fenster sind also möglich. Will man Geld sparen und trotzdem hohe Fenster haben, wird der notwendige Sturz über einem nichttragenden Rolladenkasten normalerweise in einer örtlich betonierten Decke (auch Halbfertigteildecke) integriert. Doch das kostet sehr viel Kraft und Zeit.

Der Einbau: Vor dem Setzen der Rolladenkästen muß man die seitlichen Auflager überprüfen: Liegen sie genau in einer Höhe? Ebenso wichtig ist es, daß die Auflagerflächen von tragenden Rolladenkästen absolut plan sind. Eventuell Auflager schleifen. Liegt der Kasten zum Beispiel im Randbereich nur punktuell auf, kann es dort zu Steinabplatzungen kommen. Zusätzliche Sicherheit erhält man, wenn das Bauteil nicht trocken, sondern genau wie die Steine in Dünnbettmörtel gesetzt wird.

Große Kästen, wie hier über zwei Fenstern, setzt man am besten mit dem Kran.

Rolladenkasten-Sonderanfertigungen und Stützen aus U-Schalen kamen hier zum Einsatz.

DER SPAR TIP

Stürze und U-Schalen werden genau wie im Kellergeschoß eingebaut. Spar-Tip: Steinreste ebenfalls vermauern. So spart man nicht nur Materialkosten. Auch die Bauschuttentsorgung wird billiger.

Der nichttragende Rolladenkasten. Erster Schritt: Bauteil auf dem Mauerwerk ausrichten.

Vor dem Betonieren den Rolladenkasten (falls notwendig) abstützen.

In den Sturzbereich wird ein Bewehrungskorb gelegt. Erkennbar: Die Mörteltaschen.

Die nichttragenden Rolladenkästen haben ihren Sturz erhalten. Die nächste Decke kann kommen.

So können kleine Unebenheiten im Auflager ausgeglichen werden.

Tragende Rolladenkästen sind sehr schwer, weil der statisch wirksame Kern aus massivem Stahl besteht (etwa 40 bis 60 Kilogramm pro Meter). Deshalb benötigen Sie beim Einbau mindestens einen Helfer. Bei einer Bauteillänge von über zwei Metern sollten Sie sogar zu dritt oder zu viert arbeiten. Nur den Benjamin unter den tragenden Rolladenkästen (Länge rund ein Meter) kann man gerade noch allein bewegen. Wichtig: Für sich und Ihre Helfer müssen Sie ein solides Gerüst aufbauen. Rechenbeispiel: Ein Rolladenkasten, mit vier Helfern gesetzt, kann das Gerüst mit bis zu 500 Kilogramm belasten!

Tip: Wenn große Rolladenkästen als Deckenauflager dienen, können sie vor dem Verlegen der Decke mit dem Kran (bei Selbstbauern meist mit einem Autokran) aufs Mauerwerk gehievt werden. So erspart man sich das mühevolle Umherwuchten der unhandlichen Bauteile.

Sollten die Auflagerflächen sehr klein sein (zum Beispiel auf Mauerpfeilern), oder wenn ein verwinkelter Erker Rolläden bekommen soll, wird der tragende Kasten als Sonderanfertigung geliefert. Alle statischen und architektonischen Details müssen Sie dem Hersteller schriftlich mitteilen: die notwendige Tragfähigkeit, Auflagerabmessungen, Spannweite und die Mauerdicke. Achtung: Paßt auch der lange Rolladenpanzer der Terrassentür in den Kasten? An solche Feinheiten müssen Sie bereits zu Rohbauzeiten denken.

Nachdem der tragende Kasten gesetzt ist, werden nur noch die seitlichen Mörteltaschen ausbetoniert. Angrenzendes Mauerwerk vorher annässen. Dann wird weitergemauert oder die Decke verlegt.

Die Galerie aus Ortbeton, aus Fertigteilen ein Balkon

Das Haus nimmt langsam Gestalt an. Die Erdgeschoßwände sind hochgemauert, und die nächste Decke kann angeliefert werden. Die Prozedur der Deckenverlegung kennen Sie ja noch vom Kellergeschoß. Per Lkw kommt die gesamte Decke zur Baustelle. Dort wird sie mit einem Mobilkran gemäß Verlegeplan zusammengesetzt.

Wurde für Ihr Haus eine ganz gewöhnliche Fertigteil-Erdgeschoßdecke geplant? Dann brauchen Sie nicht weiterzulesen. Blättern Sie einfach zurück zur Kellerdecke. Doch was ist, wenn in der Statik ein deckengleicher Unterzug gefordert wird oder die gewünschte Innenarchitektur sich mit üblichen Fertigteilen nicht verwirklichen läßt? Kein Problem! In unserer Beispiel-Erdgeschoßdecke sind fast alle möglichen Sonderfälle vereint, die beim Deckenbau vorkommen können. Erschrecken Sie bitte nicht über die Vielzahl der Varianten: Sie treten nur sehr selten in dieser gebündelten Form auf. Doch selbst wenn Sie die eine oder andere Besonderheit auch bei Ihrem Bauvorhaben vorfinden: Daß es geht und wie es geht erfahren Sie auf den folgenden Seiten. Los geht's:

Fertigteildecken haben ihre Grenzen: Bis 4,50 Meter ist alles machbar. Ist die Distanz zwischen den Auflagern größer, muß eine dickere Decke her. Aber auch dort ist bei 5,50 Meter Schluß. Ein Zimmer, 8,20 Meter mal 4,35 Meter groß (Beispiel), bereitet nur deshalb keine Sorgen, weil die Deckenplatten über die kurze Seite (4,35 Meter) gelegt werden. Doch gerade im Erdgeschoß, wenn man vielleicht ein Wohnzimmer mit den Maßen 6,00 Meter mal 6,20 Meter haben möchte, kann man dennoch mit einer Fertigteildecke arbeiten, wenn man einen Trick kennt.

Stahlträger für große Spannweiten: Die freie Sicht durchs Erdgeschoß

So einfach vergrößert man die Spannweite der Fertigteildecken: Ein Stahlträger („Doppel-T-Träger"), der als Zwischenauflager dient, wird aufs Mauerwerk gelegt. Doch nicht nur große Räume werden möglich: Stahlträger bewirken auch eine freie Sicht durchs offene Erdgeschoß.

Dort, wo die Stahlträger aufliegen, werden meist hohe Lasten ins Mauerwerk übertragen. Deshalb muß man die Auflager aus Beton herstellen. Dieser Bereich wird schon während der Maurerarbeiten ausgespart. Ist die Wand dann errichtet, wird geschalt. Achtung: Die Auflagerfläche muß um soviele Millimeter unterhalb der Mauerkrone sein, wie der Stahl des Trägers dick ist. Nur dann liegen alle Fertigteile genau in einer Ebene.

Nach dem Betonieren der Auflager muß man mindestens zwei Tage warten, bis die Decke verlegt wird. Zeit genug, um auch all die anderen Deckenauflager zu prüfen und um Unebenheiten mit dem Schleifbrett abzutragen. Dann ist es soweit: Mit drei Helfern sind Sie vor Ort und die Decke kommt. Zuerst plaziert man den oder die Stahlträger an vorgesehener Stelle. Dann können die Fertigteile verlegt werden. Mit viel Fingerspitzengefühl und klaren Signalen an den Kranführer (Blickkontakt) fädelt man die Deckenteile in den Stahlträger ein. Alle anderen Platten (auch die schrägen Platten über Erkern) werden wie gewohnt verlegt. Anschließend muß nur noch die Ringankerbewehrung eingebaut und der Deckenrand abgemauert werden. Nicht vergessen, Dämmstreifen von

Die Erdgeschoßdecke

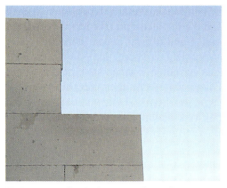

Vorbereitung fürs Auflager von Stahlträgern: Aussparungen im Mauerwerk vorsehen.

Die Schalungsoberkante liegt unterhalb der Mauerkrone. Die Differenz entspricht der Stahldicke.

Nun wird das angrenzende Porenbeton-Mauerwerk angefeuchtet und das Auflager betoniert.

Nach zwei Tagen können die Stahlträger und die Fertigteile gelegt werden.

Der „Doppel-T-Träger" wird sauber auf dem selbstbetonierten Auflager plaziert.

Wer mit mehreren Stahlträgern arbeitet, erhält eine freie Sicht durchs gesamte Geschoß.

Mit viel Fingerspitzengefühl werden die Deckenplatten in den Stahlträger geschoben.

Die Decke liegt, der Deckenrand ist abgemauert. Jetzt muß man den Ringanker betonieren.

innen gegen die Deckenrandsteine zu stellen. Falls über dem Erdgeschoß das Dach kommt, müssen Anschlußeisen im Deckenringanker verknüpft werden. Diese herausstehenden Stahlstücke verbindet man später mit der Armierung von Giebelringankern und Dachstuhlauflagern. Auch der Drempel (Kniestock) braucht eine Anschlußbewehrung. Für die detaillierte Ausführung befragen Sie bitte Ihren Bauleiter.

Nun müssen Sie noch den Ringankerbeton einbringen und die Fugen zwischen den Deckenplatten mit Mörtel ausfüllen: Und schon ist das Erdgeschoß fertig. Übrigens: Die Lösung mit dem Stahlträger zur Spannweitenvergrößerung funktioniert auch bei Hohlplattendecken.

Die geschwungene Galerie modelliert man mit Beton

Nur extreme architektonische Wünsche, wie zum Beispiel unsere wild geformte Vorderkante der Galerie, lassen sich nicht mehr mit Fertigteilen verwirklichen. Da muß ein Ortbetonfeld her. Der Schalungsbau ist dabei recht aufwendig. Doch wer solch eine Arbeit bewältigt hat, weiß die Vorteile von Fertigteilen zu schätzen: Er wird nie daran denken, ein komplettes Deckenfeld einzuschalen. Schon das Aufstellen der Stützen und das Ausrichten der querliegenden Kanthölzer erfordert größte Sorgfalt.

Hinweis: Wenn Sie nur über einen sehr geringen Vorrat an Schalholz verfügen, setzen Sie einfach leere Steinpaletten als Schalungsmaterial ein. Achten Sie bitte darauf, daß die Paletten nicht beschädigt werden. Denn nur dann können sie wiederverwendet werden.

Sobald der Schalungsunterbau fertiggestellt ist, wird die zu betonierende Fläche mit Schalbrettern ausgelegt. Damit die hölzerne Konstruktion noch mehr Halt bekommt, sollten die Schalbretter nun mit kleinen Nägeln gesichert werden. Wichtig: Die Oberfläche der Bretter muß mit der Unterseite der Fertigteildecke genau in einer Ebene liegen. Dann ist das Verputzen oder Verkleiden der Decke beim Innenausbau ohne Schwierigkeiten möglich. Nun geht es an die seitliche Schalung. Eine gerade Kante schalt man recht einfach mit einem durchgehenden, kräftigen Brett. Soll aber (wie in unserem Fall) eine Rundung hergestellt werden, muß man einzel-

Der deckengleiche Unterzug

Selbst bei erhöhten statischen Anforderungen brauchen Sie auf die Vorteile der Fertigteildecke nicht zu verzichten. Mögliches Problem bei einer Erdgeschoßdecke: Eine tragende Wand wird im Dachgeschoß notwendig, ohne daß darunter eine vorhandene Wand die Last aufnehmen kann. Die Lösung: Ein deckengleicher Unterzug aus Stahlbeton.

Die Vorbereitungen trifft man bereits beim Errichten des Erdgeschoßmauerwerks. Dort, wo der deckengleiche Unterzug aufliegen wird, läßt man eine Aussparung in der Wand. Dieser Raum wird geschalt und ausbetoniert. Wichtig ist, daß bei Auflagern in Außenwänden keine Wärmebrücken entstehen. Eventuell Zusatzdämmung zwischen Betonauflager und Schalungsstein einbauen. Während dann die Fertigteildecke verlegt wird, läßt man im Bereich des deckengleichen Unterzugs einen Spalt in der gewünschten Breite (zum Beispiel 30 Zentimeter). Den Unterzug muß man übrigens bereits beim Zeichnen des Deckenverlegeplans berücksichtigen und die Abmessungen der Fertigteilplatten entsprechend festlegen.

Die restliche Schalungsarbeit ist jetzt wirklich eine Kleinigkeit. Meist genügt eine Baudiele, die man mit Sprießen unter der Decke festkeilt. Der Abstand der Sprieße untereinander sollte einen Meter nicht übersteigen.

Nun knüpfen Sie den Bewehrungskorb genau so, wie Sie es von der Sturz- und Stützenbewehrung her kennen. Es ist jedoch zu empfehlen, daß Sie die Eisen in der Nähe des Einbauortes zusammenbinden. Denn der Stahlkorb kann in seinem Endzustand ein ordentliches Gewicht haben. Den Bewehrungskorb setzen Sie wie gewohnt auf Abstandhalter. Und achten Sie bitte darauf, daß die größere Anzahl der Stahlstücke (wie in der Statik angegeben) unten liegt. Der deckengleiche Unterzug wird zusammen mit dem Ringanker (alternativ Überbeton) ausbetoniert.

ne Holzstücke entlang der geschwungenen Linie aufstellen und mit Schraubzwingen und Kanthölzern gegen Umfallen oder Verschieben sichern. Schalungen, die über Eck verlaufen, können am einfachsten mit Diagonalaussteifungen stabilisiert werden.

In der Statik steht, wieviel Eisen Sie nun verlegen müssen. Wichtig ist, daß die Bewehrung bis auf die seitlich angrenzenden tragenden Wände geführt wird. Die unteren Stahlmatten auf Abstandhalter legen. Darüber kommen Abstandhalter („Schlangen" oder „Böcke"): wie damals bei der Bodenplatte. Wichtig: Eventuell erforderliche Zulagen aus Stabstahl nicht vergessen. Für den Fall, daß man das Geländer der Galerie als massive Betonbrüstung wünscht, werden senkrechte Anschlußeisen mit der Feldbewehrung verbunden. Anzahl und Abmessungen dieser Eisenstücke nennt Ihnen der Statiker. Tip: Die einzelnen Stäbe verharren am besten in ihrer Position, wenn sie mit einem Stahlmattenrest untereinander verbunden werden. Hinweis: In unserem Beispiel wurde eine Fertigteildecke mit Überbeton verlegt. Deshalb lag die Oberbewehrung des Ortbetonfelds mit den Bewehrungsmatten des Überbetons in einer Ebene.

Manchmal braucht die Fertigteildecke einen Überbeton

Wenn die Fertigteildecke aus statischen Gründen mit Überbeton ausgeführt wird, kommen zunächst dünne Stabstahlstücke (Durchmesser acht Millimeter) in die Fugen zwischen den einzelnen Porenbeton-Deckenplatten. Den Anschluß zum angrenzenden Deckenringanker stellen Sie her, indem Sie die Stabstahlenden etwa 60 bis 80 Zentimeter lang abwinkeln und mit der Ringankerbewehrung verdrahten.

Die Deckenrandsteine setzt man in der erforderlichen Gesamthöhe: Deckendicke plus erforderlicher Überbeton. Auch hier gilt wieder: Dämmstreifen einbauen. Nun werden die Stahlmatten auf Abstandhalter gelegt. Die Überlappungsbereiche verdrahten: So können keine Stahlstäbe aus der dünnen Betonschicht ragen.

Damit im Bereich von Deckenöffnungen (zum Beispiel am Schornstein) später kein Beton von der Decke fließen kann, setzen Sie schmale Randsteine, die genau die Höhe des Überbetons haben. Alternativ können Sie auch Holzleisten nehmen. Vor dem Betonieren stellen Sie überall

Die Erdgeschoßdecke

Zum Baubeginn eines Ortbetonfelds den Schalungsunterbau mit Stützen und Balken errichten.

Auf leeren Steinpaletten wird die glatte Schalhaut ausgelegt.

Die seitliche Schalung mußte in diesem Beispiel mit schmalen Brettchen rund ausgeführt werden.

Die untere Bewehrungslage ordnet man auf Abstandhaltern an.

Wenn später eine betonierte Brüstung gewünscht ist, wird jetzt bereits die Bewehrung eingebaut.

Ist ein Überbeton erforderlich, legt man in die Fugen Stabstahlstücke und auf die Fläche Matten.

Der Deckenrand ist abgemauert. Rohrdurchgänge werden mit Hartschaumklötzen ausgespart.

Auch Deckenöffnungen werden geschalt, damit der Überbeton nicht von der Decke fließt.

Ein deckengleicher Unterzug kann auch bei einer Decke mit Überbeton ausgeführt werden.

Wenn schon betoniert wird, dann auch gleich die Treppe. Zuerst die untere Schalung aufbauen.

Fertig zum Betonieren: Die Treppe ist geschalt, der Deckenrand abgemauert, das Eisen verlegt.

Vorschau: Wenn das nächste Geschoß steht, wird die Brüstung der Galerie geschalt und betoniert.

Rohbau-Balkon von unten: Die Fertigteilplatte liegt seitlich auf Mauervorsprüngen auf.

Rohbau-Balkon von oben: Oberhalb der Außenwand ist Platz für den Ringanker.

Zur Vermeidung von Wärmebrücken wird an die Balkonplatte eine Wärmedämmung gestellt.

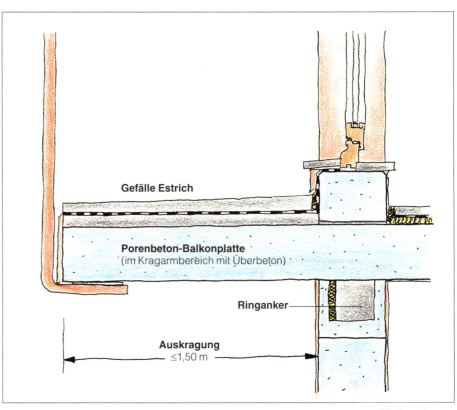

Ein Balkon aus Kragplatten: Wer Porenbetonplatten über das Mauerwerk herausragen läßt, braucht Wärmebrücken nicht zu befürchten, da das Material von Natur aus hoch wärmedämmend ist.

dort Hartschaumklötze in den Ringankerbereich, wo später einmal Installationsleitungen (Abwasserrohre, Wasserleitungen und so weiter) verlaufen sollen. In diesem Zusammenhang: Aussparungen in der Porenbetondecke dürfen höchstens einen Durchmesser von 15 Zentimetern haben. Dabei darf die Querschnittsschwächung der einzelnen Platte 25 Prozent nicht überschreiten. Größere Öffnungen stellt man mit Hilfe von Stahlprofilen her.

Für eine Decke mit einer Fläche von etwa 100 Quadratmetern benötigen Sie bei einem vier Zentimeter dicken Überbeton plus Ringanker rund fünf Kubikmeter Beton. Das ist zuviel zum Selbstmischen und etwas zuwenig, um ein Lieferfahrzeug mit Pumpe anzufordern. Wenn Sie jedoch das Betonieren der Decke mit dem Bau der Treppe (und: Gartenzaun-Fundamente, Terrasse, Hauseingangspodest) kombinieren, lohnt sich der Einsatz von Pumpe und Lieferbeton. Deshalb sollten Sie jetzt die Treppenschalung aufbauen, sofern Sie keine Fertigteiltreppe gewählt haben.

Achtung: Haben Sie eine freitragende Holz- oder Stahlkonstruktion als Treppe zwischen Erd- und Obergeschoß vorgesehen? Fragen Sie den Treppenbauer, welche Vorbereitungen im Rohbau zu treffen sind. Sprechen Sie ihn auch darauf an, ob man die tragende Treppenkonstruktion schon jetzt montieren kann. Das erleichtert den Bau-Alltag. Allerdings sollten Sie alle Teile, die später sichtbar sind, in Schaumstoff oder Wellpappe einpacken, um sie vor Beschädigung zu schützen.

Der Balkon: Kein Problem mit Porenbeton

Auch wenn ein Balkon oft ein teurer Luxus ist, der fast nie genutzt wird, möchten viele Bauherren auf ihn nicht verzichten. Besonders einfach ist ein Balkon aus Porenbeton-Fertigteilen zu bauen, die einfach über die Außenmauer herausragen („auskragen"). Während andere Fertigteile eine komplizierte Dämmung im Außenwandbereich benötigen (damit keine Wärme durch die Betonplatte nach außen wandert), braucht Porenbeton keine: weil er von Natur aus hoch wärmedämmend ist. Übrigens: Wenn Sie im Haus eine Galerie mit gerader Kante möchten, dann lassen Sie die Balkonplatten eben nach innen zeigen. Wichtig: Der Schriftzug „Kragarm", der auf den Deckenplatten zu lesen ist, markiert den überstehenden Deckenteil.

Was muß man tun, wenn die Deckenplatten parallel zum gewünschten Balkon verlaufen? Dann gibt es zwei Lösungen:
○ Man legt im Abstand von etwa drei bis vier Metern zum Balkon einen Stahlträger („Doppel-T-Träger") auf die tragenden Wände. Auf der dem Balkon entgegengesetzten Raumseite verlaufen dann die Deckenplatten parallel zum Stahlträger. Die Balkon-Kragplatten ordnet man nun senkrecht dazu an: Sie werden auf der einen Seite in den Träger geschoben, auf der anderen Seite ragen sie über das Mauer-

Mit der Richtlatte wird der Beton grob geglättet. Helfer schaufeln überschüssigen Beton weg.

Nun bekommt der Überbeton seine endgültige Oberfläche.

Wenn Ortbetonfeld, Überbeton, Ringanker und Treppe in einem Rutsch betoniert werden, lohnt sich der Einsatz von Lieferbeton und Pumpe. Wichtig: Möglichst viele Helfer mobilisieren.

werk hinaus. Wichtig: Der Kragarm darf nicht länger als 1,50 Meter sein.

○ Wem die Stahlträgerlösung zu kompliziert ist, der kann auch die Balkonplatte wie in unserem Beispiel auf seitlichen Wandvorsprüngen auflegen. Das ist der einfachste und preiswerteste Weg. Allerdings muß die Architektur des Hauses diese Lösung zulassen. Achtung: Der Ringankerbereich über der Außenwand zwischen Innenraum und Balkon besteht aus Stahlbeton. Deshalb muß dort eine Wärmedämmung eingebaut werden. Wichtig: Der Porenbeton-Balkon benötigt auf jeden Fall einen Überbeton.

Und wieder ist eine große Etappe geschafft

Nun haben Sie alle Sonderlösungen kennengelernt, die bei einer Fertigteildecke auftreten können. Jetzt muß nur noch betoniert werden. Berechnen Sie die Betonmassen für Ringanker, Überbeton, Treppe, Ortbetonfeld und so weiter. Dann geht's in die letzte Runde. An heißen Tagen müssen Sie die Decke gut vornässen, damit die dünne Betonschicht nicht zu schnell erhärtet. Tip: Bestellen Sie den Be-

Die Konsistenz für den Treppenbeton muß steifer sein als der Decken-Überbeton.

ton mit sogenanntem Verzögerer, der den Abbindeprozeß zeitlich hinausschiebt (beim Betonlieferwerk anfragen!).

Empfohlene Korngruppe des Betonzuschlagstoffs 0/8. Siehe „Merkblatt Stahlbeton (I)" auf Seite 120. Wichtig: Der Verfüllbeton der Deckenplattenfugen und der Überbeton sind in einem Arbeitsgang, zumindest jedoch „frisch auf frisch" einzubringen. Und noch ein Hinweis für Bauherren, die sich die Betonmassen mit einer Pumpe auf die Erdgeschoßdecke befördern lassen: nicht zuviel Beton auf eine Stelle pumpen. Die erforderliche Beton-

menge ist meist viel schneller erreicht als man zunächst schätzt. Die Folge ist mühsames Verteilen der Betonmassen mit der Schaufel. Zur Sicherheit: möglichst viele Helfer mobilisieren.

Wie beim Betonieren der Bodenplatte wird die Oberfläche nach dem Verdichten mit dem Flaschenrüttler eingeebnet. Eventuell vorher mit der Richtlatte vorglätten. Diese Arbeit sollte man wieder einem Fachmann überlassen, um eine möglichst optimale Deckenoberfläche zu bekommen. Unter bestimmten Witterungsbedingungen muß der Beton nachbehandelt werden (siehe ebenfalls „Merkblatt Stahlbeton").

Übrigens: Wer Aufbeton und Treppe in einem Rutsch betoniert, braucht Beton unterschiedlicher Konsistenz. Den Überbeton flüssig, den Treppenbeton etwas steifer. Geben Sie das bereits bei der Betonbestellung an. Eventuell wird man die Fuhre auf zwei Fahrzeuge verteilen.

Und wieder ist eine Etappe geschafft. Schon einen Tag nach dem Betonieren können Sie die Hausmauern fürs nächste Geschoß aufzeichnen. Mit der Anlieferung der nächsten Steinpaletten sollten Sie aber noch drei Tage warten.

Oben angekommen: Das Dachgeschoß

Die Maurerarbeiten gehen zu Ende. Dennoch lernen Sie zum Abschluß des Rohbaus noch zwei neue Bereiche kennen: wie man die Giebelschräge vom Plan auf den Rohbau überträgt und wie man die Auflager für den Dachstuhl vorbereitet.

Im Anlegen von Ecksteinen sind Sie inzwischen routiniert. Auch das Mauern der ersten Schicht im ausgleichenden Mörtelbett erledigen Sie bereits mit links. Und wie man anschließend die Wände mit Dünnbettmörtel hochzieht, braucht man Ihnen nun wirklich nicht mehr zu erläutern. Doch bevor der Startschuß für die letzte Rohbau-Runde fällt, gibt's einige wichtige Hinweise:
○ Treffen Sie sich mit dem Zimmermann an der Baustelle und stimmen Sie mit ihm die Höhe der Dachstuhlauflager ab.
○ Spätestens mit Beginn der Maurerarbeiten fürs Dachgeschoß brauchen Sie ein Gerüst, das Sie sich am besten von einer Fachfirma aufstellen lassen.
○ Fangen Sie die Maurerarbeiten nicht an der Straßenseite an. Sonst können die letzten Steinpaletten eventuell nicht mehr vom Lkw direkt ins Dachgeschoß gestellt werden. Erst nachdem die letzten Steine geliefert wurden, zieht man auch die Wand an der Straßenseite hoch.

Nun rühren Sie frischen Mörtel an und beginnen damit, die Giebelwände zu errichten. Es ist nicht ganz einfach, die Dachneigung vom Plan auf die Mauern zu übertragen. Schließlich sollen die Giebelwände später mit den Sparren genau in einer Flucht liegen. Eine gute Hilfe ist ein Brett, das man so ans Mauerwerk dübelt, daß die Spitze den Scheitel der späteren Sparren markiert. Von dort zieht man Schnüre zu den Hausecken und erhält auf diese Weise den Verlauf der noch nicht vorhandenen Sparrenoberkanten. Nun werden die einzelnen Steinreihen treppenartig bis kurz vor die Schnüre gemauert.

Sobald das Gebälk auf dem Rohbau ruht, baut man die letzen Steine paßgenau ein. Falls die Statik einen Giebelringanker fordert, setzt man auf die abgetreppte Mauer schmale Schalsteine und betoniert den Hohlraum aus. Vorher die Bewehrung gemäß Statik einbauen.

Beim Pfettendachstuhl kann der Drempel gemauert werden

Dachgeschosse, die zum Wohnraum ausgebaut werden, erhalten oft einen Drempel (Kniestock). Bei Pfettendachstühlen reicht es statisch aus, dieses Außenwandstück zu mauern und das Fußpfettenauflager mit U-Steinen herzustellen, die man ausbetoniert. Auf der Stahlbetonkrone des Drempels wird dann die Fußpfette an vorher einbetonierten Metallbändern oder mit Schrauben und Dübeln verankert.

Bei Sparren- und Kehlbalkendächern wird man wegen der horizontalen Kräfte am unteren Auflager nur selten um einen Drempel aus Stahlbeton herumkommen. Da dieses massive Bauteil zusätzlich in der darunterliegenden Decke eingebunden wird, ist es in Verbindung mit Fertigteildecken kaum zu realisieren. Tip: Möglichst ein Pfettendach wählen.

Übrigens: Wird auf einen Drempel verzichtet, dann liegen die Fußpfetten direkt auf der Decke auf und werden mit dem Stahlbeton-Ringanker fest verbunden.

Auch das Auflager für die Mittelpfetten baut man mit U-Steinen. Sobald die Positionen dieser höher liegenden Dachbalken festgelegt sind, errichtet man die Innenwände. Doch nur sehr selten wird das Auflager der Mittelpfette genau im Mauerwerksraster liegen. Mit Porenbeton ist dieses Problem aber kein Problem. Wer U-Schalen mit einer Höhe von 25 Zentimetern einbauen möchte, und das Auflager zum Beispiel eine Höhe von 2,43 Meter hat, mauert die Wand genau 2,18 Meter hoch (die Steine der obersten Steinschicht entsprechend zusägen). Darauf kommen die U-Steine, die man ausbetoniert.

Wie es nun weitergeht, erfahren Sie im Kapitel „Dach und Schornstein".

Das Dachgeschoßmauerwerk

Auch im Dachgeschoß wird die erste Schicht in ein ausgleichendes Mörtelbett gesetzt.

Anschließend heißt es dann: Dünnbettmörtel anrühren und mit der Zahnkelle aufziehen.

Trotz Routine mauert man entlang der Schnur und richtet jeden Stein mit der Wasserwaage aus.

Der Firstscheitel wurde mit einem Brett markiert. Richtschnüre zeigen die Dachneigung an.

Fußpfetten, die auf dem Boden liegen, werden am Deckenringanker befestigt.

Auf einen gemauerten Drempel kommt ein Pfettenauflager aus Beton. Mit U-Steinen schalen.

Für die problemlose Materialanlieferung errichtet man die straßenseitigen Mauern erst zum Schluß.

Zu Ihrer eigenen Sicherheit lassen Sie vor den Dachgeschoßbauarbeiten ein Gerüst aufstellen.

DER SPAR TIP

An dieser Stelle einmal ein ganz spezieller Spar-Tip: Denn diesmal geht es nicht ums Geldsparen, sondern ums Kraftsparen.

Wer seine Steinpaletten nicht dort plazieren kann, wo man sie später braucht, transportiert die Steine kräfteschonend mit einem Rollbrett durch den Rohbau.

Das Auflager für die Mittelpfetten ist gemauert, aber noch nicht ausbetoniert.

Die Maurerarbeiten sind weitgehend beendet, der Dachstuhl wird aufgerichtet.

EIN GANZES HAUS AUS EINEM GUSS

Für Selbstbauer sind Schalungssteine genau wie Porenbeton eine echte Alternative zum konventionellen Mauerwerk. Doch wie findet man unter der Vielzahl der Schalungsstein-Anbieter den besten? Zunächst sollte man sich über die grundlegenden Eigenschaften der Schalungsstein-Philosophie Gedanken machen: Das Bauen soll leichter werden. Mit Schalungssteinen aus Hartschaum lassen sich leicht und schnell die Mauern errichten. Doch vor dem Verfüllen der Wände mit Beton müssen Stützen und Aussteifungen montiert werden. Das kostet viel Energie. Sind Wände aus Blähton-Schalungssteinen besser, die man nicht verstärken muß? Nicht unbedingt: Denn die Steine sind fast so schwer wie gewöhnliches Material, der Zeitgewinn hält sich in Grenzen. Da bleiben nur noch Schalungssteine aus zementgebundenen Holzspänen. Dort wurde ein Vorteil der Hartschaumsysteme (große Steinabmessungen bedeuten Zeitgewinn) mit dem größten Vorteil der Blähtonsteine (auf Streben und Stützen kann verzichtet werden) kombiniert. Fazit: Man muß zwar gewichtsmäßig manchmal kräftig zupacken, erspart sich aber lästige Zusatzarbeiten.

Schale, schale, Häusle baue

Für erfahrene Maurer ist es oft unbegreiflich, mit welcher Selbstverständlichkeit aus ganz normalen Bürgern erfolgreiche Baumeister werden. „Kein Problem", urteilen diese Freizeit-Handwerker, „wenn zu einem ausgereiften Bausystem eine umfangreiche Baustellenbetreuung gehört."

Wir sind jederzeit für Sie da. Jederzeit? Was andere wortgewaltig versprechen und dann doch nicht halten können, ist für den Schalungsstein-Hersteller Öko-domo reine Routine. Jeder Bauherr bekommt ein Mobiltelefon (Handy) überreicht, in dem alle Service-Nummern gespeichert sind. So hat der Selbstbauer tatsächlich jederzeit einen Ansprechpartner. Ob er ihn braucht, ist eine andere Frage: Denn zum Haus-Bausatz gehört auch ein übersichtlicher Ordner mit verständlich formulierten Bauanleitungen. Darin enthalten sind alle Informationen, die man für diese spezielle Bauweise kennen muß. Das beginnt schon vor dem Betonieren der Fundamente: Welche Vorbereitungen sind zu treffen, damit man später den ersten großen Vorteil aus der Schalungssteinwand ziehen kann?

Wenn nämlich hohe Erddrücke auf die Kellerwände wirken, bauen Profis Mauern aus Stahlbeton. Für Selbstbauer ist es aber nahezu unmöglich, allein schon die Schalung für einen Stahlbetonkeller zu montieren. Die Alternative bei gewöhnlichem Mauerwerk ist ein horizontaler Ringbalken aus U-Steinen. Schalungsstein-Bauherren nehmen einen anderen Weg. Entsprechend der Statik betoniert man in der Bodenplatte Stabstahlstücke ein, die später in die Hohlräume der Schalungssteinwand ragen. Reichen diese Eisenstangen nicht aus, werden noch weitere Stahlzulagen in der Wandschalung angeordnet. So ist es also auch für Selbstbauer möglich, eine Stahlbetonwand zu errichten.

Was ist nun beim Bau der Fundamente zu beachten? Überall dort, wo die Erde extrem gegen die Kelleraußenwände drückt, verdrahtet man Anschlußeisen mit der Bodenplattenbewehrung. Oder man steckt sie (bei unbewehrten Fundamenten) in den frischen Beton. Die Stahlstücke (üblicher Durchmesser acht bis zwölf Millimeter) am unteren Ende etwa 15 bis 20 Zentimeter rechtwinklig umbiegen. Die sichtbare Länge über der Bodenplatte beträgt rund einen Meter. Achtung: Werkpläne (Maßstab „1:50") studieren und alle Maße vom Statiker oder Bauleiter bestätigen lassen!

Man muß das Eisen natürlich so einbauen, daß es später genau in die Hohlkammern der Steine paßt. Deshalb arbeitet man sich frühzeitig in die Bauanleitungen ein. Welche Abmessungen haben die Steine und wo werden sie eingesetzt? An dieser Stelle nun alles über Schalungssteine aus zementgebundenen Holzspänen:

○ Typ „25", Normalstein: Dicke 25 Zentimeter (Länge 100 Zentimeter, Höhe 25 Zentimeter). Einsatzbereiche: Kelleraußenwand mit Erdanschüttung, Außenwände mit untergeordneter Bedeutung (zum Beispiel Garage), alle Innenwände vom Keller bis zum Dach. Einsatzbereich mit vier Zentimetern Zusatzdämmung: überirdisch sichtbares Außenmauerwerk.

○ Typ „25", Sonderstein: Dicke 25 Zentimeter (Länge 100 Zentimeter, Höhe 25 Zentimeter). Durch innenliegende Doppelstege können die Steine im 25-Zentimeter-Raster gekürzt werden, so daß man Steinlängen von 25, 50 und 75 Zentime-

Die Kellerwände

Bauherren, die ein Mobiltelefon haben, können jederzeit den Baustellenbetreuer erreichen.

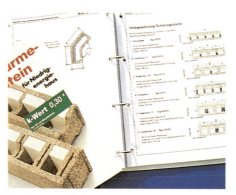
In einem ausführlichen Bauanleitungsordner werden alle Steintypen erläutert.

Selbstbauer sind überfordert, wenn sie einen Keller aus Stahlbeton bauen sollen.

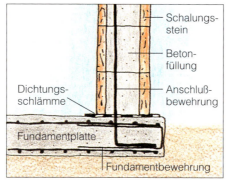
Alternative zum Betonkeller: Schalungssteine mit Bewehrung. So entstehen extrem solide Wände.

Wo später hohe Erddrücke herrschen, wurden Anschlußeisen in die Bodenplatte einbetoniert.

Jetzt zeichnet man den Verlauf der Kellerwände auf den Boden.

Die Schalungssteine werden angeliefert und mit dem Lkw-Kran auf die Bodenplatte gestellt.

Im Bereich der Anschlußeisen trägt man eine Dichtungsschlämme auf.

tern erhält. Einsatzbereiche wie beim Normalstein (Typ „25") sowie als Paßstücke an Laibungen von Fenstern und Türen. Wichtig: Die Sondersteine sind seitlich so profiliert, daß man sie auch jeweils an den Hausecken setzt.

○ Typ „30", Normalstein: Dicke 30 Zentimeter (Länge 100 Zentimeter, Höhe 25 Zentimeter). Einsatzbereiche: Kelleraußenwand mit Erdanschüttung, Außenwände mit untergeordneter Bedeutung (zum Beispiel Garage). Einsatzbereich mit neun Zentimeter Zusatzdämmung: überirdisch sichtbares Außenmauerwerk.

○ Typ „30", Sonderstein: Dicke 30 Zentimeter (Länge 100 Zentimeter, Höhe 25 Zentimeter). Durch innenliegende Doppelstege können auch diese Steine im 25-Zentimeter-Raster gekürzt werden. Einsatzbereiche wie beim Normalstein (Typ „30") sowie als Ecksteine und als Paßstücke an Fenster- und Türlaibungen.

○ Erkerstein (25 oder 30 Zentimeter dick), wahlweise mit Zusatzdämmung.

○ Rundstein (25 oder 30 Zentimeter dick) mit einem Innenradius von 50 Zentimetern. Wahlweise mit Zusatzdämmung.

Die Steinpakete auf der Bodenplatte so plazieren, daß sie nicht stören

Ein bis drei Tage nach dem Betonieren der Bodenplatte zeichnet man die Wände auf dem Boden auf. Dabei hilft das Schnurgerüst: Ein Senkblei, in den Schnurschnittpunkten angehängt, zeigt auf die Hausecken, die man mit Nägeln markiert. Schnüre, von Nagel zu Nagel gespannt, geben die Außenkanten des Kellers vor. Jetzt ist es einfach, alle Wände aufzuzeichnen. Die Steine plaziert man dann so, daß sie neben den künftigen Mauern stehen, beim Arbeiten aber nicht stören.

Bevor man nun mit dem Anlegen der ersten Steinschicht beginnt, muß man im Bereich der bewehrten Wände eine horizontale Abdichtungsschlämme gegen aufsteigende Feuchtigkeit aufbringen. Mit dem Quast wird die Bodenplatte in mindestens zwei Arbeitsgängen eingestrichen (Hersteller-Hinweise beachten!).

Nun setzt man den ersten Schalungsstein an der höchsten Bodenplattenecke auf zwei längsverlaufende Mörtelwulste. Unter dem ersten Stein wird der Mörtel dünn aufgetragen. Am tiefsten Bodenplattenpunkt (eine betonierte Fläche ist nie absolut plan) kommen die Schalungssteine

Der Rohbau aus Schalungssteinen

Die unterste Steinschicht muß in Zementmörtel verlegt werden. Mit einem Bohrmaschinen-Quirl oder mit einer Mischmaschine rührt man das Material an.

Die ersten Steine setzt man in jener Ecke, die dem höchsten Bodenplattenpunkt am nächsten liegt. Man trägt mit der Kelle zwei dünne Mörtelwulste auf die Bodenplatte auf …

… und plaziert die Schalungssteine möglichst genau an Ort und Stelle, so daß seitlich keine größeren Korrekturen mehr notwendig sind. In die Stoßfugen kommt kein Mörtel.

Mit Hammer und Wasserwaage richtet man die Schalungssteine entlang einer Schnur aus, die man von Hausecke zu Hausecke gespannt hat. Austretenden Mörtel abstreifen.

Wurden in der Bodenplatte keine Anschlußeisen einbetoniert, baut man als Feuchtigkeitssperre in die ausgleichende Mörtelschicht eine Sperrpappe ein, die etwas breiter als die Wand ist.

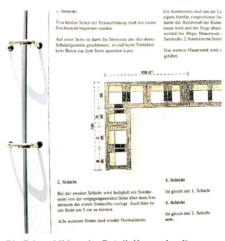

Die Eckausbildung im Detail: Um auch mit 30 Zentimeter dicken Außenwandsteinen im 25-Zentimeter-Raster zu bleiben, muß der eine Eckstein um fünf Zentimeter gekürzt werden.

Erste Schicht trocken ausrichten

Manche Bauherren legen die erste Steinschicht lieber trocken an. Man beginnt in den Ecken, spannt Schnüre und richtet alle Steine der Außen- und Innenwände auf Holzkeilen aus. Zwischendurch prüft man die Höhenlage der Steine mit

dem Nivelliergerät. Dabei hilft ein Baustellen-Einweiser des Steinlieferanten. Zum Schluß füllt man die erste Steinschicht im unteren Drittel mit Beton aus und erhält so eine solide Unterlage fürs komplette Geschoß.

in ein entsprechend dickeres Mörtelbett. Hinweis: Überall feuchtigkeitsunempfindlichen Zementmörtel (Mörtelgruppe III) verwenden.

Unter den Wänden, die keine Stahlverbindung zur Bodenplatte haben, legt man als Feuchtigkeitssperre eine Lage Sperrpappe ein (auf Dichtungsschlämme wird hier verzichtet). Die Arbeitsschritte im einzelnen: erste Mörtelschicht dünn auftragen, Sperrpappe ausrollen (sie muß einige Zentimeter breiter sein als die Wand), ausgleichende Mörtelwulste auftragen, Stein mit der Wasserwaage ausrichten. Wichtig: Anschlußstellen der Sperrpappe etwa zehn Zentimeter überlappen lassen.

Hinweis: Alle Steine der ersten Schicht müssen später genau in einer Ebene liegen, damit das trockene Aufeinandersetzen der folgenden Steinreihen reibungslos funktioniert. Keine Angst: Beim Nivellieren (Einmessen der Höhe) hilft ein Baustellen-Einweiser des Bausatz-Lieferanten.

Falls Sie Ihr Haus nicht im 25-Zentimeter-Raster geplant haben, müssen Sie in jeder Schicht mindestens ein Paßstück setzen. Ordnen Sie diesen (an einer Seite offenen) Stein immer innerhalb einer Wand an, nie am Rand: Beim Betonieren hätten Sie sonst eine „undichte" Stelle.

Sobald die erste Schicht komplett gesetzt ist, geht's zügig weiter. Ecksteine trocken setzen, Position mit der Wasserwaage überprüfen, Richtschnur spannen und die zweite Reihe komplettieren. Wichtig: Die Betonkammern müssen lotrecht über die gesamte Wandhöhe durchgehen. Das gilt auch für alle Paßstücke, die man übereinander anordnet. Achtung: Diese geschwächten Wandstellen werden mit beidseitig angenagelten Brettern verstärkt. Sie dürfen durch den Druck des frischen Betons später nicht nachgeben.

Normalerweise werden Kellerwände ohne Bewehrung ausgeführt. Dann setzt man alle Steine trocken aufeinander und betoniert später das komplette Geschoß in einem Rutsch aus. In seltenen Fällen (zum Beispiel bei sehr hohem Erddruck) muß zusätzlich zu den Anschlußeisen der Bodenplatte weiterer Stahl eingebaut werden: Das können Vertikalstäbe als Verlängerung der Bodenplatteneisen sein. Wenn horizontale Stahlstangen erforderlich sind, muß man die Wände in zwei Etappen aufbauen, um eine hohlraumfreie Betonfüllung zu garantieren: die Wand zur Hälfte errichten und ausbetonieren. Da-

Schalungssteine aus zementgebundenen Holzspänen lassen sich kinderleicht zurechtschneiden. Die Schnittkante für Paßstücke wird mit dem Bleistift angezeichnet.

Besonders kräfteschonend ist das Zuschneiden mit dem elektrischen Fuchsschwanz. Alternativ kann auch eine Handsäge genommen werden. Schalungsstein-Paßstücke, die nicht im ...

... 25-Zentimeter-Raster liegen, müssen alle übereinander eingebaut werden, damit die Betonkammern alle lotrecht über die gesamte Wandhöhe verlaufen.

Die erste Steinschicht ist komplett fertig. Mit dem trockenen Aufeinandersetzen aller weiteren Steine sollte man bis zum nächsten Tag warten, um Verschiebungen im Mörtelbett zu vermeiden.

Auf große Schlitze wird verzichtet, wenn die Abwasserrohre in den Schalungssteinen liegen. Den genauen Verlauf mit dem Bauleiter abstimmen! Rohre vor dem Betonieren mit Filz umwickeln.

Die Ecksteine der zweiten Schicht werden trocken gesetzt und mit der Wasserwaage ausgerichtet. Entlang einer Schnur setzt man dann alle weiteren Steine.

Der Rohbau aus Schalungssteinen

Beim Errichten der Hauswände immer wieder mit der Wasserwaage die Position der Steine prüfen.

Innenwandsteine werden trocken an die Außenwandschale gestellt.

Nur in Sonderfällen muß man ausnahmsweise zu Schalbrettern greifen.

Die meisten Bausatzhaus-Lieferanten bieten eine Betreuung vor Ort an.

Der Keller wächst. Vergessen Sie aber bei dem schnellen Baufortschritt nicht, die Öffnungen für die Fenster auszusparen.

nach das Geschoß fertigstellen. Die Steine von tragenden Innen- und Außenwänden fügt man trocken zusammen. Man muß jedoch zuvor im Anschlußbereich der Außenwände Öffnungen (Durchmesser rund zehn Zentimeter) bohren oder sägen, die mit den Stoßfugenöffnungen der Innenwandsteine zusammentreffen. So entsteht später ein durchgehender Betonkern.

Für Schlitze und Nischen gibt es verschiedene Bautechniken:
○ Kleine Schlitze für Stromkabel und Wasserleitungen stellt man nach dem Ausbetonieren her: Holzspanwandung bis zum Betonkern wegfräsen.
○ Große Schlitze und Nischen vor dem Betonieren mit innenliegendem Hartschaumklotz schalen. Später herausfräsen.
○ Große Schlitze und Nischen (alternativ): Vor dem Betonieren die Schalungssteinwand aufschneiden und die Aussparung mit Holz verschalen (aufwendig).
○ Auf Schlitze wird verzichtet, wenn die Leitungen im Wandhohlraum einbetoniert werden. Abwasserleitungen mit Filz umwickeln! Wichtig: Bevor Sie Schwächungen der Wand vornehmen, stimmen Sie bitte alle Maße mit dem Bauleiter, dem Statiker oder dem Baustellenbetreuer ab.

Stürze über Fenstern und Türen werden aus Formteilen (U-Schalen) hergestellt. Die Einbauhöhen sowie die notwendigen Auflagerabmessungen entnimmt man der detaillierten Werkplanung. Bewehrt wird mit einem Korb, Gitterträger oder Stahlprofil. Hinweis: Stürze über Außenwandöffnungen können mit integrierter Deckenrandschalung geliefert werden.

Ehe die Mauern und Stürze ausbetoniert werden, muß Ihr Baustellenbetreuer die Qualität der Wände überprüfen. Erst wenn feststeht, daß alles in Ordnung ist, können Sie die geschalten Mauern lagenweise auffüllen (in den Ecken beginnen). Hinweis: Kräfteschonend ist nur das geschoßhohe Betonieren mit der Pumpe. Dazu Fließbeton wählen (Konsistenz „K R weich"). Weiterhin darf die Fallhöhe höchstens einen Meter betragen: Rüssel in die Wand führen. Auch ein Pumpenrüssel in S-Form schont die Schalungssteinwand. Sie merken: „Fallhöhe reduzieren" und „Beton gefühlvoll einbringen" lauten die Arbeitsanweisungen an diesem Tag. Den Beton durch Stochern verdichten. Zum Schluß wird die Wandoberfläche geglättet, damit die Fertigteildecke sauber aufliegen kann.

Die Kellerwände

Sturzschalung und Deckenrand in einem: Stürze sind innerhalb weniger Minuten geschalt.

Die Schalungswände des Sturzformteils werden durch Metallstege stabilisiert.

Der Beton wird mit der großen Pumpe in die geschalten Wände befördert.

Rohrdurchgänge (zum Beispiel für Versorgungsleitungen) schalt man mit Hartschaumklötzen.

Ein Pumpenrüssel in S-Form reduziert den Druck des Betons.

Ist kein Rüssel in S-Form vorhanden, Schlauchende in die Schalung führen.

Abwasserrohre, die aus der Schalung herausragen, vor dem Betonieren sichern.

DER SPAR TIP

Wenn in Kellerwänden horizontale Armierungseisen eingebaut wurden, muß man in mindestens zwei Abschnitten betonieren. Zweimal eine Betonpumpe anrollen zu lassen, kostet jedoch viel

Geld. Den Beton mit der kleinen Mischmaschine selbst anzurühren kostet Kraft. Spar-Tip: Man kalkuliert die Kosten eines Silos, in dem die Beton-Trockenmischung gelagert wird. Nach Bedarf gibt man Wasser hinzu und pumpt den frischen Beton in die Schalung. Bequemer geht es nicht.

Damit später die Fertigteildecke sauber aufliegen kann, glättet man die Wandoberfläche.

Die Kellerwände sind ausbetoniert, die Decke kann kommen.

Decke drauf, Keller fertig

Drei Kellerdecken-Systeme stehen zur Auswahl: Die Hohlkörperrippendecke, die Hohlplattendecke und die Filigrandecke. So unterschiedlich die Decken auch sind, die Vorbereitungen sind gleich: Alle Auflager müssen in einer Ebene liegen.

Kleinere Unebenheiten im Deckenauflager werden nachträglich unterfüttert, größere Unebenheiten beseitigt man vor dem Verlegen der Fertigteile durch eine Mörtel-Ausgleichsschicht. Dazu eventuell Schalbretter mit waagerechter Oberkante anbringen, die Mörtelschicht darüber sauber abziehen.

Viele Schalungsstein-Bauherren entscheiden sich für die Halbfertigteildecke (Filigrandecke), die im Kapitel „Der Rohbau aus Porenbeton" bereits ausführlich vorgestellt wurde. Die Zusatzarbeiten (Unterbau stellen, bewehren, betonieren) sind bei diesem Deckentyp zwar recht mühsam, die Decke paßt aber gut zur Schalungsstein-Idee: Ein ganzes Haus aus einem Guß sozusagen. Und wenn man ein Beton-Vorratssilo auf der Baustelle stehen hat, liegt die Ersparnis vielleicht in einem so interessanten Bereich, daß sich die Mehrarbeit wirklich lohnt. Ansonsten sind die Hohlplattendecke (ebenfalls im Porenbeton-Kapitel erläutert) oder die Hohlkörperrippendecke die bessere, weil bequemere Alternative. Die preiswerteste (aber zeitintensivste) Decke ist die Hohlkörperrippendecke. Vorteil: Weil man einzelne Füllsteine zwischen durchgehende, relativ leichte Gitterträger legt, kann ohne Kran gearbeitet werden. So ein Deckensystem können also auch Selbstbau-Einzelkämpfer in den Griff bekommen, die keine Helfer haben.

Nicht nur die Vorbereitung, sondern auch die Nachbereitung der unterschiedlichen Deckenarten ist wieder gleich: Rand abmauern, Zusatzbewehrung einbringen und ausbetonieren. Bei der Filigrandecke wird die gesamte Fläche, bei der Hohlplattendecke wird ein Ringanker über allen tragenden Wänden betoniert. Bei der Rippendecke zieht man zusätzlich auch über den Gitterträgern eine Betonschicht auf. Achtung: Die Stützen unter den Decken müssen nach dem Betonieren mindestens drei bis vier Wochen stehenbleiben.

Im Zuge der Deckenverlegung wird auch die Treppe vom Keller ins Erdgeschoß eingebaut. Ob Fertigteil oder Ortbeton: Der Treppenbau läuft nach demselben Schema ab wie beim Porenbeton-Rohbau.

Vor dem Verfüllen der Baugrubenarbeitsräume Kellerwände abdichten

Damit der Keller über Jahrzehnte trocken bleibt, müssen alle Kellerwände, die Erdkontakt haben, sorgfältig abgedichtet werden. Am besten sind Bitumen-Spachtelmassen geeignet, die man auf den vorbereiteten Untergrund aufträgt: lose Teile und Staub entfernen, Löcher und Risse in der Wand spachteln. Im Bereich des Fundamentvorsprungs unbedingt eine „Hohlkehle" anlegen. Wichtig: Lesen Sie vor dem Auftragen der Spachtelmasse die Verarbeitungshinweise des Herstellers.

Auf der groben Schalungsstein-Oberfläche funktioniert noch eine andere Technik: Zuerst wird ein spezieller Sperrputz aufgespachtelt, darüber kommt ein dreifacher Deckanstrich auf Bitumenbasis.

Achtung: Alle Bitumenanstriche und die meisten Bitumen-Spachtelmassen sind nur für nichtdrückendes Wasser (Bodenfeuchtigkeit) geeignet. Steht das Haus im Grundwasser (drückendes Wasser), muß der Keller von Fachleuten als wasserdichte Betonwanne ausgeführt werden, oder man nimmt spezielle Bitumen-Spachtelmassen, die auch drückendem Wasser standhalten.

Die letzten Arbeitsschritte beim Kellerbau: Drainage legen, Lichtschächte anbringen, Baugrubenarbeitsraum verfüllen. Alles Wichtige darüber steht ebenfalls im Kapitel „Der Rohbau aus Porenbeton".

Hinweis: Auf den Keller kann man entweder ein Fertighaus stellen, oder es geht wie gewohnt mit Schalungssteinen weiter.

Kellerdecke, Abdichtung der Außenwand

Für jeden Deckentyp, auch für die Rippendecke, gibt es Bauanleitungen.

Wer eine Filigrandecke gewählt hat, muß vor dem Verlegen einen Unterbau errichten.

Zusammen mit der Kellerdecke wird auch die Treppe ins Erdgeschoß gebaut.

Wärmedämmende Randsteine bilden die seitliche Deckenschalung.

Leerrohre für die Elektroverkabelung lassen sich gut im Deckenbeton verstecken.

Und wieder fließt der Beton. Wie bei der Bodenplatte muß man die Oberfläche eben abziehen.

Vorbereitung für die Abdichtung: „Hohlkehle" am Fundamentvorsprung, Spachteln der Wand.

Mit einem dreifachen Bitumenanstrich wird die Kellerwand abgedichtet.

Als Schutz vor Beschädigung und zur besseren Wasserableitung verlegt man Drainageplatten.

Schnitt durch die Schichten. Wichtig: Vor die Drainageplatten muß ein Vlies gespannt werden.

Schütten Sie den Baugrubenarbeitsraum erst dann bis oben zu, wenn das Erdgeschoß steht.

Fürs Erdgeschoß nimmt man gedämmte Steine

Um die Wärmeverluste des Hauses möglichst niedrig zu halten, muß das Außenmauerwerk über der Geländeoberfläche mit gedämmten Steinen errichtet werden. Schalungssteine mit innenliegender Hartschaumschicht erfüllen diese Forderung.

Die erste Steinschicht im Erdgeschoß wird genau wie im Keller angelegt: Entweder richtet man die Schalungssteine auf zwei parallelen Mörtelwulsten aus oder man nimmt Keile, auf denen die Steine zunächst trocken in die richtige Position gerückt werden. Durch das teilweise Füllen der Betonkammern entsteht eine solide Basis für die wachsenden Erdgeschoßwände. Ob Mörtel oder Keile: Man beginnt an den Hausecken. Dabei werden die Steine mit dem Nivelliergerät oder mit der Schlauchwaage auf das gleiche Höhenniveau gebracht. Denn nur wenn die erste Schicht genau in einer Ebene liegt, können alle weiteren Steine sauber aufeinandergesetzt werden.

Hinweis: Wird die erste Erdgeschoß-Schicht auf einer Hohlplatten- oder Hohlkörperrippendecke ausgerichtet, ist es egal, in welcher Ecke Sie beginnen, da die Deckenoberfläche weitgehend plan ist. Haben Sie jedoch eine Filigrandecke mit Aufbeton verlegt, müssen Sie vor dem Anlegen des ersten Ecksteins den höchsten Deckenpunkt ermitteln und dort beginnen: wie beim Anlegen der ersten Kellersteine auf der Bodenplatte.

Ob Sie auch unter die erste Steinschicht im Erdgeschoß eine Feuchtigkeitssperre wie im Keller aufbringen, hängt von den örtlichen Begebenheiten ab. In aller Regel kann jedoch darauf verzichtet werden. Sprechen Sie zur Sicherheit aber Ihren Bauleiter darauf an.

Beim Hochziehen der Wände gilt dasselbe wie beim Errichten des Kellers: Die Betonkammern der Schalungssteine müssen alle lotrecht übereinander liegen. Das bedeutet auch, daß man Paßstücke, die nicht im 25-Zentimeter-Raster eingebaut werden, übereinander setzt (zusätzlich mit Brettern sichern). Wichtig: immer an der Schnur entlangmauern und die Steine mit der Wasserwaage ausrichten. Neu ist beim Erdgeschoß, daß in den Außenwänden Dämmsteine verarbeitet werden. Die Hartschaumschicht muß immer an der Innenseite der äußeren Schalhaut liegen.

Natürlich zieht man die tragenden Innenwände gleich mit hoch. Dabei werden die Schalungssteine der Innenwand wieder trocken gegen die Außenwand gestoßen: Man muß lediglich in den Außenwand-Schalungssteinen Öffnungen vorsehen, die sich mit den Mörtelöffnungen an der Stirnseite der Innenwand decken. So entsteht ein durchgängiger Betonkern.

Im Gegensatz zum Keller und zu den oberen Etagen plant man die Architektur des Erdgeschosses oft großzügig: Wer offenes Wohnen bevorzugt, verzichtet auf Innenwände, wer viel Licht möchte, baut große Fensterflächen ein. Die Lastabtragung erfolgt dann über Pfeiler und Säulen.

Der Bau von Pfeilern erfolgt im 25-Zentimeter-Raster

Die Schalung für runde Betonsäulen besteht aus einer Einweg-Papphülle, die man über die Bewehrung stülpt. Zwei Tage nach dem Betonieren kann durch Ziehen an einer Reißleine das runde Bauteil ausgeschalt werden. Für Pfeiler nimmt man

Die Erdgeschoßwände

Für die Außenwände im Erdgeschoß nimmt man wärmegedämmte Schalungssteine.

Die Wasserwaage signalisiert, ob die Steine der untersten Schicht exakt ausgerichtet sind.

Sobald die erste Schicht angelegt ist, werden alle Wände geschoßhoch errichtet.

Aus Sondersteinen entsteht die Schalung für die Pfeiler.

Pfeiler werden entweder mit Bewehrungskörben oder mit speziellen Gitterträgern bewehrt.

Nichttragende Pfeiler sind 25 Zentimeter breit. Ab 50 Zentimeter Breite sind die Pfeiler tragend.

WISSENSWERT

Die Garage kann in einem Rutsch mit dem Rohbau hochgezogen werden. Für die Wände nimmt man ungedämmte Schalungssteine. Die unterste Schicht wird wie beim Wohnhaus auf Mörtel-

wulsten oder Holzkeilen ausgerichtet. Danach die Garagenwände trocken aufbauen und zusammen mit dem Wohngeschoß ausbetonieren. Wichtig: Den großen Sturz über dem Garagentor wegen der großen Spannweite besonders sorgfältig unterstützen und armieren.

Die Rolladenkästen sind leicht. Zwei Leute können sie bequem tragen und einbauen.

Die Rolladenkästen benötigen auf beiden Seiten 25 Zentimeter breite Auflager.

Genial: Der Gurtwickelstein ist fix und fertig. Mühsames Hohlraumfräsen entfällt.

Für das Ausbetonieren der Erdgeschoßwände nimmt man wieder Lieferbeton, den man in die Schalung pumpt. Für die Füllung der unteren Steinreihen den Rüssel in die Kammern führen.

Nicht nur tragende Pfeiler, sondern auch tragende Säulen stellt man zusammen mit dem Mauerwerk her. Hier wurde eine runde Pappschalung verwendet.

Zwei Tage nach dem Betonieren wird die Säule durch Ziehen an der Reißleine abgeschalt. Die Verbindung zur darüberliegenden Decke (alternativ Sturz) stellt man mit Anschlußeisen her.

Der Sturz über dem Rolladenkasten wird zusammen mit der Erdgeschoßdecke betoniert. Bevor es aber soweit ist, muß man entsprechend der Bauanleitung Abstützungen aufbauen.

Zur Vorbereitung der Erdgeschoßdecke müssen jetzt wieder Holzbalken und Stützen gestellt werden. Nur bei massiven Fertigteilen kann man sich diese Arbeit ersparen.

Offenes Wohnen: Wer sich im Erdgeschoß durch Stürze oder weitspannende Unterzüge gestört fühlt, baut einfach Stahlträger als Auflager für die Platten der Filigrandecke ein.

Sondersteine. Durch den Doppelsteg können diese speziellen Schalungssteine im 25-Zentimeter-Raster zugeschnitten werden, ohne daß an einer der vier Seiten eine offene Stelle entsteht. Den Grad der Armierung bespricht man frühzeitig mit dem Statiker. Außerdem muß man in der Decke, auf der ein Pfeiler stehen soll, Anschlußeisen vorsehen. Das gilt übrigens für Säulen ebenso. Hinweis: Schalungsstein-Pfeiler mit einer Breite von 25 Zentimetern dürfen keine tragende Funktion haben (der innenliegende Betonquerschnitt reicht nicht aus). Erst ab einer Breite von 50 Zentimetern und einer Steindicke von 25 oder 30 Zentimetern dürfen Bauwerkslasten in den Pfeiler eingeleitet werden. Wichtig: Bei tragenden Pfeilern die Stege zwischen den Kammern in jeder Schicht mindestens zwölf Zentimeter breit und zehn Zentimeter tief ausschneiden, um eine Betonverbindung herzustellen.

Die Formteile für die Rolläden machen Nacharbeiten überflüssig

Sobald die Wände errichtet sind, überbrückt man die Öffnungen über Türen und Fenstern. Die Schalungselemente für Stürze haben Sie beim Kellerbau kennengelernt. Wenn man im Erdgeschoß Rolläden eingeplant hat, setzt man Rolladenkästen. Diese Bauteile bestehen unten aus einer Rolladenkammer, oben sind bereits Sturzschalung und Deckenrand vorbereitet. Dieser leichte Kasten, in dem übrigens der Rolladenpanzer werksseitig schon eingebaut ist, wird trocken aufgelegt. Auflagerbreite: 25 Zentimeter. Auflagerhöhe: meist 2,25 Meter über der Rohbaudecke.

Ob der Sturz über dem Rolladenkasten mit der Wand oder erst mit der Decke ausbetoniert wird, hängt vom Bauablauf ab:
○ Soll auf dem Kasten die Decke aufgelegt werden, wird zusammen mit dem Mauerwerk betoniert.
○ Liegt der Kasten so hoch, daß Sturz und Decke in einer Ebene liegen, betoniert man zusammen mit der Decke.

Wichtig: Den Rolladenkasten vor dem Betonieren unterstützen. Bei einer Länge bis 1,50 Meter einfach, bis 2,00 Meter zweifach, bis 2,50 Meter dreifach und so weiter. Achtung: Wird der Rolladenkasten nicht sofort nach Anlieferung montiert, muß man ihn witterungsgeschützt und eben lagern. Im Zusammenhang mit den Rolläden stellen viele Bauherren schon

Die Erdgeschoßdecke

beim ersten Beratungsgespräch die Frage, wie man später den Gurtwickelkasten in der Betonwand unterbringt. Kein Problem: Es gibt spezielle Gurtwickelsteine, die man beim Wandaufbau an den richtigen Stellen plaziert. So entfällt das mühsame Hohlraumfräsen für den Gurtwickel.

Hinweis: Für die Geschoßhöhen außerhalb des 25-Zentimeter-Rasters (Beispiel: 2,625 Meter) gibt es Höhenausgleichssteine mit einer Höhe von 12,5 Zentimetern.

Wenn die Wände errichtet sind, wird wieder betoniert. In den Ecken beginnen, den Beton lagenweise einfüllen und durch Stochern vorsichtig verdichten. Vor dem Betonieren muß der Baustellenbetreuer die geschalten Wände prüfen und während des Füllvorgangs anwesend sein.

Jetzt fehlen für die Vollendung des Erdgeschosses nur noch die Decke und die Treppe. Wenn Sie sich für eine Filigran-, Hohlplatten- oder Hohlkörperrippendecke entschieden haben, erhalten Sie vom Lieferanten detaillierte Verlegepläne mit allen Informationen, die Sie für das Stellen des Unterbaus, das Verlegen der Decke und das Bewehren benötigen. Wichtig: Falls Sie im darüberliegenden Dachgeschoß Drempelwände (Kniestock) geplant haben, müssen Sie eventuell Anschlußeisen in der Erdgeschoßdecke vorsehen. Bei mehrgeschossigen Häusern gilt das entsprechend für die oberste Geschoßdecke. Vor dem Betonieren der Decke muß wieder der Bauleiter oder der Bausatzhaus-Betreuer die Armierung begutachten. Spar-Tip: Wenn Sie für die Erdgeschoßdecke eine Betonpumpe aufstellen lassen, betonieren Sie doch im selben Rutsch die dazugehörige Treppe sowie noch weitere Bauteile (zum Beispiel die Terrasse oder die Fundamente für den Gartenzaun).

Manche Bauherren bevorzugen in den Wohngeschossen eine Atmosphäre, wie man sie nur mit einer Holzbalkendecke erreicht. Die sichtbaren Balken, ob in natur, weiß oder farbig gestrichen, werden auf dem ebenen Mauerwerk ausgerichtet (flache Brettchen unterlegen): Balkenquerschnitt und Balkenabstände stehen in der Statik und in der ausführlichen Montageanleitung. Tip: Holzbalkendecken mit komplizierten Details (Schornsteindurchgang, Auskragungen zur Treppe und so weiter) sollte man den Zimmerleuten überlassen, wenn man sich selbst die Arbeit mit Blechformteilen und Auswechslungen nicht zutraut.

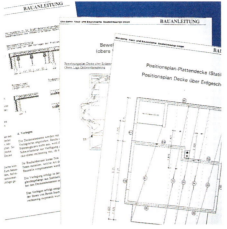

Genau wie beim Kellergeschoß gibt es auch für die Erdgeschoßdecke ausführliche Deckenverlegepläne, die alle Informationen liefern, die man für den Selbstbau braucht.

Nicht nur den Unterbau für die Decke, sondern auch die Schalung für die Treppe muß wieder äußerst sorgfältig aufgebaut werden. Vor dem Betonieren vom Bauleiter begutachten lassen.

Die Stahlmatten sind auf den Deckenplatten verlegt, die Armierungseisen für den Drempel sind eingebaut. Nun kann die Erdgeschoßdecke fertiggestellt werden.

Wenn schon betoniert wird, dann richtig: Zusammen mit der Decke werden die Treppe, die Terrasse und die Fundamente vom Gartenzaun gebaut.

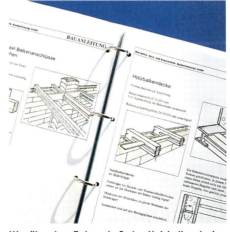

Wer über dem Erdgeschoß eine Holzbalkendecke möchte, findet ebenfalls im ausführlichen Bauanleitungsordner alle Hinweise, die er für das Verlegen der tragenden Balken kennen muß.

Schalungssteine ermöglichen ein witterungsunabhängiges Arbeiten: Frost und Hitze behindern den Bau nicht. Nur beim Betonieren muß man aufs Wetter Rücksicht nehmen.

Der Baustoff, der die Räume trennt: Gipswandplatten

Leichte Trennwände, die keine Lasten zu tragen haben außer ihrem eigenen Gewicht, können aus zehn Zentimeter dicken Gipswandplatten gemauert werden. Großer Vorteil: Die raumtrennenden Wände zieht man nach Beendigung des Rohbaus hoch. Unabhängig vom Wetter.

Vorbereitungen muß man in der Wand aus Schalungssteinen keine treffen, da Gipswände elastisch mit den angrenzenden Mauern verbunden werden. Man ist also mit der Raumaufteilung relativ frei, wenn die Decke, auf der die Wand stehen soll, ausreichend dimensioniert wurde. Dieser Gedanke ist auch für einen späteren Umbau wichtig, wenn ein Grundriß geplant ist, der sich im Laufe der Jahre an die geänderten Bedürfnisse der Familie anpassen soll.

Die Gipswandplatten müssen nach der Anlieferung trocken gelagert werden. Genau wie im Rohbau zeichnet man zunächst den Wandverlauf auf den Boden und markiert die Größe der Türöffnungen. Staub und Baustellendreck vorher entfernen. Nun kann schon der Spezialkleber angerührt werden, den man auf dem Boden und an der Wand aufträgt. Darauf legt man einen elastischen Korkstreifen (Unebenheiten in Wand und Boden vorher mit Gips ausgleichen). Jetzt sägt man die Federprofilierungen des ersten Steins ab, trägt eine zweite Kleberschicht auf Wand und Boden auf und richtet den Stein mit der Wasserwaage aus. Die beiden glatten Seiten ohne Profilierung kommen dabei auf Wand und Boden. Für die weiteren Steine braucht man Kleber an der Stoßfuge des zuletzt gesetzten Steins und auf dem Boden. Paßstücke werden mit der Hand oder dem Elektro-Fuchsschwanz zugeschnitten. Wichtig: Ausgequollenen Kleber sofort abziehen. Diesen Fugengips aber nicht wieder unters frische Material mischen.

Mit dem Reststück der ersten Schicht beginnt man die zweite Lage. Dann geht's im Verband weiter (Platten im Nut-und-Feder-Prinzip zusammenstoßen). In die Fugen kommt immer eine dünne Kleberschicht. Türzargen können übrigens gleich eingebaut werden. Im Rohbau aber bitte den späteren Estrich berücksichtigen und die Zarge entsprechend höher anordnen.

Die letzte Reihe wird zur Decke hin schräg angeschnitten und mit Keilen fixiert. Vorher an der Decke ebenfalls einen Randstreifen anbringen. Den Raum zwischen Decke und Gipswand füllt man später mit Kleber oder Haftputz aus.

Hinweis: Schlitze für Strom- und Wasserleitungen dürfen in der Gipswand maximal eine Tiefe von einem Drittel der Wanddicke haben. Die glatte Oberfläche kann mit jedem Belag verkleidet werden: Tapeten, Fliesen und so weiter.

Baubeginn: Genau wie im Rohbau wird zunächst der Verlauf der Trennwand auf den Boden gezeichnet. Dabei darf man die Türöffnungen nicht vergessen.

Die Bauplatten haben zwei Seiten mit Feder- und zwei Seiten mit Nutprofilen. Die Federprofile der ersten Platte werden abgesägt. Diese glatten Flächen kommen in die Kleberschicht, …

Die zweite Schicht beginnt man mit dem Reststück, das bei der ersten Reihe übriggeblieben ist. Alle weiteren Platten werden dann im Verband gesetzt.

Die nichttragende Gipswand

Nun wird in einem sauberen Gefäß der Spezialkleber klumpenfrei angerührt. Besonders leicht geht das mit einem Quirl, der in einer leistungsstarken Bohrmaschine steckt.

Nun trägt man auf dem Boden und an der Wand eine dünne Schicht des Klebers auf. Zuvor müssen aber noch eventuelle Unebenheiten mit Gips ausgeglichen werden.

Die Gipsplattenwand wird vierseitig elastisch gelagert. Deshalb drückt man nun in die erste Kleberschicht einen Korkstreifen, der zum Lieferumfang der Gipsplatten gehört.

... die man an Wand und Boden auf die Korkstreifen aufzieht. Nun spannt man durch den Raum eine Richtschnur, die den genauen Wandverlauf vorgibt.

Die erste Gipswandplatte wird mit Gummihammer und Wasserwaage ausgerichtet. Alle weiteren Platten setzt man ebenfalls auf eine dünne Kleberschicht. Untere Feder abschneiden!

Um die erste Reihe zu schließen, benötigt man in aller Regel ein Paßstück, das man mit dem elektrischen Fuchsschwanz besonders bequem zuschneiden kann.

Hinweis: Wenn der Spezialkleber immer in der gleichen Dicke aufgezogen wird, können die Gipswandplatten besonders leicht ausgerichtet werden.

Sobald die Platte an Ort und Stelle sitzt, entfernt man den ausgetretenen Kleber. Achtung: Das Material bitte entsorgen und nicht wieder unter die frische Masse rühren.

Die Wand ist fertig. Nun kann die glatte Oberfläche mit jedem beliebigen Belag verkleidet werden. Für Tapeten oder Fliesen braucht man keine Spachtelung mehr vorzunehmen.

Auch die Giebel werden betoniert

Die letzte Runde wird jetzt eingeläutet: Sobald das Material fürs Dachgeschoß angeliefert ist, legen Sie noch einmal die erste Schicht an. Worauf man dabei achten muß, wissen Sie längst.

Sicher haben Sie inzwischen „Ihre eigene" Arbeitstechnik gefunden: Entweder wird die unterste Schalungssteinschicht auf zwei parallelen Mörtelwulsten ausgerichtet, oder Sie nehmen Holzkeile und füllen anschließend die Betonkammern teilweise aus. Wenn die Dachgeschoßwände angelegt sind, geht es wie gewohnt weiter. Die Ecken hochziehen, Schnur spannen, Schicht für Schicht komplettieren und die Position der Schalungssteine mit der Wasserwaage prüfen.

Nun muß die Neigung der Giebelwände vom Plan auf den Rohbau übertragen werden. Und so wird's gemacht: Sie bringen an den Giebeln jeweils ein Brett an, dessen Spitze den Scheitel der noch nicht vorhandenen Sparren markiert. In den Bereichen der Traufe montiert man weitere Holzstücke, auf denen man ebenfalls den Sparrenverlauf anzeichnet. Mit Richtschnüren kann nun die Oberfläche der Sparren angedeutet werden. Anschließend errichtet man die Giebelwände treppenartig bis kurz vor die Schnüre.

Hinweis: Verabreden Sie sich frühzeitig mit dem Zimmermann, der Ihren Dachstuhl aufstellen wird. Er sagt Ihnen, in welcher Höhe die Dachstuhlauflager liegen müssen. Sprechen Sie mit ihm auch den geplanten Zeitpunkt ab, an dem Ihre Arbeit beendet sein wird. Denn erst dann kann der Zimmermann loslegen.

Falls erforderlich werden die Dachstuhlauflager mit Eisenstangen bewehrt. Durchmesser und Anzahl der Stäbe sind in der statischen Berechnung aufgelistet. Die Bewehrung können Sie bequem in den Vertiefungen der innenliegenden Schalungsstein-Stege verteilen. Rolladenkästen und Stürze werden ebenfalls noch vor der Dachstuhlmontage verlegt. Und dann wird betoniert.

Beim Dach ist es manchmal billiger, den Beton selbst anzurühren

Wenn Sie ein relativ niedriges Dachgeschoß (Dachneigung kleiner als 30 Grad) haben und kein Drempel vorhanden ist, brauchen Sie zum Verfüllen der Schalungssteine keine großen Betonmassen. Rechnen Sie einmal nach, ob es günstiger sein kann, die letzte Betonier-Aktion mit selbstangerührtem Beton aus der kleinen Mischmaschine durchzuführen. Kalkulieren Sie zwei Arbeitstage ein: pro Tag eine Giebelwand (Füllmenge rund ein bis zwei Kubikmeter). Achtung: Ab einer Gesamtbetonmenge von fünf Kubikmetern lohnt sich jedoch meist der Einsatz einer Betonpumpe.

Wichtig: Auf Stürzen oder Rolladenkästen darf man frühestens drei Tage nach dem Betonieren den Dachstuhl auflegen. Die Stützen unter diesen Stürzen und Rolladenkästen müssen darüber hinaus aber mindestens noch weitere drei bis vier Wochen stehenbleiben.

Nach dem Betonieren der Dachgeschoßwände wird das Gebälk aufgerichtet. Alles Wissenswerte dazu, sowie die einzelnen Arbeitsschritte der Dacheindeckung und des Schornsteinbaus, lesen Sie im Kapitel „Dach und Schornstein".

Die Dachgeschoßwände

Auch im Dachgeschoß legt man zunächst die Ecken an. Nachdem anschließend die erste Schicht komplett ausgerichtet ist, wird das Mauerwerk errichtet.

Falls das Dachgeschoß zum Wohnen benutzt werden soll, bringt ein Drempel (Kniestock) die notwendige Raumhöhe. Wichtig: Wenn in der statischen Berechnung ein Ringanker ...

... gefordert wird, muß man vor dem Betonieren der Wände Stahlstangen einbauen. Der Stahl kann bequem in den Steg-Aussparungen der Steine verlegt werden.

Der Drempel ist fertig. Sollte die Betonoberfläche wie auf diesem Bild sehr unregelmäßig sein, muß man noch vor Aufrichten des Dachstuhls das Auflager mit Mörtel glätten.

Nun errichtet man die Giebelwände. Rolladenkästen oder Stürze, die über großen Fensteröffnungen verlaufen, bindet man in den Giebelringanker mit ein.

Beim Füllen der Giebel muß man langsam arbeiten. Weil man „bergauf" betoniert, könnte es sonst passieren, daß der Beton, den man oben einfüllt, aus einer unteren Schicht herausquillt.

Bauherren, die ein flaches Dachgeschoß ohne Drempel bauen, sollten prüfen, ob man die letzte Betonier-Aktion mit selbstgemischtem Beton preiswerter durchführt. Die kleinen Mengen, ...

... die man in so einem Fall einbringen muß, transportiert man in Eimern nach oben. Der Beton wird mit einem langen Holzstück oder mit einer Eisenstange vorsichtig verdichtet.

Die Rohbauarbeiten sind beendet, die Auflager für den Dachstuhl haben die notwendige Tragfähigkeit. Jetzt ist das Team der Zimmerleute an der Reihe.

DER ZIEGEL MIT DEM ZEITGEWINN

Bisher mußten Ziegel-Bauherren monatelang mühsam Mörtel mischen. Diese Zeiten sind zum Glück vorbei. Mit der neuen Generation der Planziegel brach für den traditionellsten aller Mauersteine ein neues Zeitalter an. Weil man inzwischen die Oberfläche der Ziegelsteine planschleifen kann, hat der Mörtel in der Lagerfuge keine höhenausgleichende, sondern nur noch eine verbindende Funktion. Deshalb können von nun an auch Ziegelwände mit Dünnbettmörtel hochgezogen werden. Die erfreuliche Bilanz: Wer weniger Mörtel braucht, spart beim Bauen Zeit.

Daß diese Zeit bares Geld wert ist, weiß jeder: Durch den vorzeitigen Einzug ins eigene Haus kann die Mietswohnung früher gekündigt werden. Doch nicht nur deshalb sollten sich alle Ziegel-Freunde für das Bausystem aus Planziegeln entscheiden. Weil es zusätzlich zum Mauerstein noch etliche Sonderformate vom Verschiebeziegel bis zum Ziegelrolladenkasten gibt, geht das Bauen nicht nur schneller, sondern auch einfacher. Und all jene, die in bauphysikalischer Hinsicht das Optimum erreichen wollen, setzen auf jedes Geschoß noch eins drauf: die Ziegeldecke nämlich.

Ein Material vom Keller bis zum Dach

Wer das Erdgeschoß aus einem anderen Material als den Keller mauert, wer für die Innenwände andere Steine als für die Außenwände nimmt, muß sich ständig umgewöhnen. Dadurch steigt auch die Gefahr, Fehler zu machen. Ein Baustoff fürs ganze Haus hat also nicht nur bauphysikalische Vorteile.

Die Fundamentplatte ist betoniert, die Maurerarbeiten können beginnen. Zunächst müssen die Hausecken, die sich unter den Schnittpunkten der Schnurgerüst-Schnüre befinden, auf die Bodenplatte übertragen werden. Dann die Punkte mit Nägeln markieren und die Kellerwände aufzeichnen. Weil eine betonierte Bodenplatte niemals eine absolut ebene Oberfläche hat, muß unter die erste Planziegelschicht ein Mörtelbett gelegt werden, das alle Höhenunterschiede ausgleicht. Die meisten Ziegelbausatz-Anbieter erledigen diese Arbeit mit sogenannten Justierboys. Ausgehend vom höchsten Bodenplattenpunkt, den man mit einem Nivelliergerät oder mit einer Schlauchwaage ermittelt, trägt man eine dünne Mörtelschicht auf die Bodenplatte auf (Mörtelgruppe III, feuchtigkeitsunempfindlich). Darauf wird eine Sperrpappe ausgerollt: bei Außenwänden bündig mit der Außenkante, innen ein paar Zentimeter überstehend. Unter Innenmauern legt man die Pappe mittig, so daß sie beidseitig übersteht. Nun werden zwei Justierboy-Geräte im Abstand von drei bis fünf Metern aufgestellt und vom Baustellen-Einweiser ausgerichtet. Dann trägt man die zweite, dickere Mörtelschicht auf, die man mit einer Richtlatte über die Justierboy-Schienen abzieht. Nun wandert man zunächst entlang der Außenwände. Dabei bleibt immer ein Justierboy in Position, während der andere auf der gegenüberliegenden Seite aufgestellt wird.

Zementstaub erhöht die Tragfähigkeit des frischen Mörtelbetts

Damit der gelochte, großformatige Ziegel nicht im relativ weichen Mörtel einsinken kann und somit die millimetergenaue Vorarbeit umsonst gewesen wäre, streut man eine dünne Schicht aus reinem Zement aufs Mörtelbett (Handschuhe anziehen!). So entsteht an der Mörteloberfläche eine tragfähige Haut. Der erste Eckstein kann nun gesetzt werden: mit der Wasserwaage und mit ganz leichten Hammerschlägen ausrichten. Sobald alle Ecksteine sitzen, kontrolliert man noch einmal die Abstände von Hausecke zu Hausecke. Dann wird entlang der Richtschnur die erste Schicht komplett ausgemauert. Wichtig: Man schiebt jeden Stein immer entlang der Verzahnung des bereits sitzenden Steins von oben ins Mörtelbett. Seitliche Verschiebungen vermeiden. Die Stoßfugenverzahnung kommt übrigens ohne Mörtel aus.

Am nächsten Tag geht es dann mit erhöhter Geschwindigkeit weiter. Nachdem man den Dünnbettmörtel angerührt hat (Hersteller-Angaben auf den Mörtelsäcken beachten), beginnt man erneut in den Ecken. Am besten mauert man gleich die Ecken vier oder fünf Reihen hoch. Dabei richtet man die Ecksteine genau mit der Wasserwaage aus, so daß die Hausecken absolut senkrecht verlaufen. Wenn die Ecken stehen, spannt man Richtschnüre und komplettiert Schicht für Schicht. Ob man die Innenwände gleichzeitig mit den Außenwänden hochzieht (Verzahnung) oder später mit der Stumpfstoßtechnik am

Der Keller

Auf der Bodenplatte wird eine Mörtelschicht verteilt. Darauf legt man eine Sperrpappe.

Ein Baustellen-Einweiser richtet im Abstand von drei bis fünf Metern zwei Justierboys aus.

Zwischen den beiden Justierboys muß nun die zweite Mörtelschicht aufgetragen werden.

Abziehen mit der Richtlatte: Die Schienen der Justierboys geben die Mörteldicke vor.

Eine dünne Haut aus Zementstaub erhöht die Tragfähigkeit des noch frischen Mörtels.

Der erste Eckstein wird gesetzt und mit vorsichtigen Hammerschlägen in Position gebracht.

Prüfender Blick: Stimmen die Abstände von Hausecke zu Hausecke?

Nun kann entlang der Richtschnur die erste Planziegelschicht ausgemauert werden.

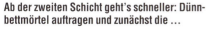
Ab der zweiten Schicht geht's schneller: Dünnbettmörtel auftragen und zunächst die ...

... Ecksteine setzen. Dann werden wieder Schnüre gespannt und die Mauern hochgezogen.

WISSENSWERT

Viel Zeit kostet das Anrühren von Mauermörtel. Deshalb dauert das Errichten von Mauerwerk mit einer zwölf Millimeter dicken Lagerfuge (Bild) fast doppelt so lange wie der Bau mit Planziegeln. Was

beim Porenbeton schon seit vielen Jahren üblich ist, haben nun auch die Ziegelproduzenten entdeckt: rationelles Bauen mit der nur ein Millimeter dünnen Lagerfuge. Dabei bleiben die vertikalen Stoßfugen jedoch unberücksichtigt. Sie werden trocken ohne Mörtel ausgeführt (Nut-und-Feder-Prinzip).

Außenmauerwerk anbindet, ist reine Geschmacksache.

Die Planziegel-Bauweise funktioniert nur, wenn in der Lagerfuge keine Unebenheiten vorhanden sind. Sollten manche Steine herstellungsbedingt nicht genau in der Ein-Millimeter-Toleranz liegen, muß man schleifen. Das ist sehr, sehr anstrengend. Tip: Jeden Stein vor dem Setzen genau anschauen. Macht er einen bedenklichen Eindruck, sollten Sie nachmessen und die Qualität seiner Oberfläche zum Beispiel mit der Wasserwaage prüfen.

Der längenvariable Verschiebeziegel spart mühsames Zuschneiden

Um die Bauarbeit zu erleichtern, bieten die Ziegelhersteller einen interessanten Formstein an: den Verschiebeziegel. Der letzte Stein einer Schicht, der meist zugesägt werden muß, wird bequem von diesem längenvariablen Sonderziegel ersetzt. Der Verschiebeziegel, stufenlos einsetzbar von 10,6 bis 25,6 Zentimeter, garantiert auch einen sauberen Abschluß der Wand an Fenster- und Türlaibungen. Spar-Tip: Kalkulieren Sie, wieviel Verschiebeziegel Sie benötigen. Die Kosten dafür vergleichen Sie mit der Miete für eine Bandsäge. Planziegel können zwar auch mit dem preiswerten elektrischen Fuchsschwanz zugesägt werden, doch saubere Schnitte gelingen nur bei äußerst ruhiger und präziser Führung des Sägeschwerts.

Auch das aufwendige Fräsen von Schlitzen ins Ziegelmauerwerk kann man sich sparen, wenn man für Abwasserrohre und Hauptversorgungsleitungen entsprechend der Werkplanung Ziegel-U-Steine senkrecht im Mauerwerk einbaut. Und für waagerecht verlegte Stromkabel und Wasserleitungen gibt es Formsteine mit bereits ausgefrästen Schlitzen.

Wenn hoher Erddruck auf die Kelleraußenmauern einwirkt, muß ein Ringbalken her. Geschalt wird ebenfalls mit U-Steinen. Ansonsten wird dieses Bauteil genau so ausgeführt, wie es bereits im Kapitel „Der Rohbau aus Porenbeton" ausführlich beschrieben wurde. Übrigens: Ringbalken laufen nicht immer ums gesamte Gebäude. Manchmal genügt es, nur einzelne, hochbelastete Wände zu verstärken.

Der Keller wächst. Nun wird es gar nicht lange dauern, da werden Sie über den Türen und Fenstern die Stürze setzen. Auch dafür nimmt man in aller Regel ferti-

Tauchtechnik oder Mörtelwalze

Ein großes Problem bei der Entwicklung des Planziegels war die Frage nach der Technik, mit der man den Dünnbettmörtel aufzieht. Eine Plankelle wie beim Porenbeton kam nicht in Frage. Es würde viel zu viel vom recht flüssigen Dünnbettmörtel in der Ziegellochung verschwinden. Zwei Arbeitsweisen haben sich nun durchsetzen können. Bei der Tauchtechnik wird jeder Stein kurz in eine Wanne mit Mörtel getunkt

(Bild oben). Gerade so weit, daß die Unterseite komplett mit Mörtel benetzt ist (Bild Mitte). Nachteil dieses Verfahrens: Man muß beim Mauern von der Palette einen Umweg über den Mörtelkübel nehmen, der meist auf dem Boden oder auf den Gerüstbohlen steht. Bei jedem Stein muß man sich also einmal zusätzlich bücken. Die Alternative ist der Auftrag mit der Rolle (Bild unten). Wer diesen Mörtel-Vorratsbehälter besitzt, hat es beim Mörtelauftrag bequemer. Nachteil: Man muß die Rolle nach jedem Einsatz gründlich reinigen.

ge Formteile: Wenn hohe Bauwerkslasten abzutragen sind, kommen U-Schalen oder U-Steine zum Einsatz, die man nach unten abstützt, mit Baustahl armiert und dann ausbetoniert. Schneller geht's jedoch mit Ziegel-Flachstürzen (Höhe 7,1 Zentimeter). Zwar ist die Tragfähigkeit dieser Fertigteile begrenzt, doch man sollte sich ausrechnen lassen, wo diese preiswerten Bauteile eingebaut werden können. Über Innentüren dürfte es in aller Regel keine Schwierigkeiten geben. Hinweis: Um einen Ziegel-Flachsturz mit dem Planziegel-Mauerwerk kombinieren zu können, sind meist im Auflagerbereich oder über dem Sturz kleinformatige Ausgleichssteine in Normalmörtel zu verlegen.

Wichtig: Nichttragende Wände müssen etwa ein bis zwei Zentimeter niedriger sein als das tragende Mauerwerk. Nur so ist sichergestellt, daß später keine Lasten von der Decke in die Trennwand eingeleitet werden. Den Spalt zwischen Wand und Decke später mit Montageschaum füllen.

Achtung: Nach jedem Arbeitstag die Mauerkrone mit Planen oder Brettern abdecken. Ergiebiger Regen könnte sonst die vom Boden bis zur Decke durchgehenden Schlitze der Ziegelwand randvoll mit Wasser füllen. Dann wäre ein großer Vorteil futsch: Durch den geringen Mörteleinsatz stellt man weitgehend trockene Mauern her, die man nicht durch nachlässiges Verhalten vollregnen lassen sollte.

Bevor die Decke kommt, verschließt man die Lochung der Wand

Bei Ziegelbauwerken gibt es zwei Varianten, ein Deckenauflager auszuführen:
○ Direkt auf dem Mauerwerk. Unebenheiten im Auflager müssen mit Schleifbrett oder Mörtelfüllungen beseitigt werden. Wichtig: Unabhängig vom gewählten Deckentyp (Ziegel-Einhängedecke, Ziegel-Elementdecke, Filigrandecke) legt man auf allen tragenden Wänden eine Lage Dachpappe aus, so daß die Lochung der gemauerten Wand komplett verschlossen ist. Dann wird später beim Ausbetonieren der Ringanker kein Beton in die Planziegelwand fließen. Verzichtet man auf diese Trennung, können sich Auflagerspannungen von der Decke ungehindert ins Mauerwerk fortsetzen und dort Risse verursachen.
○ Auf Deckenrandsteinen in L-Form. Wenn diese Formsteine auf der ebenen

Der Keller

Mit der Bandsäge können die Ziegelsteine millimetergenau zugeschnitten werden.

Wer die Steine mit dem Elektro-Fuchsschwanz zerteilt, muß das Sägeschwert sicher führen.

Gerade an Tür- und Fensterlaibungen muß man immer wieder Paßstücke herstellen.

Perfekte Laibung: Der erste Formstein des Verschiebeziegels paßt in die Profilierung des …

… letzten ganzen Plansteins. Das zweite Stück bildet den sauberen Abschluß.

Der Verschiebeziegel erspart auch das Zuschneiden von Paßstücken innerhalb des Mauerwerks.

Wer die Innenwände mit der Stumpfstoßtechnik ans Außenmauerwerk anbindet, stellt kleine …

… Vertiefungen im Außenmauerwerk her. Dort werden die Maueranker eingemörtelt.

Die Außenmauern stehen. Nun legt man wie gewohnt die erste Schicht der Innenwände ins …

… Mörtelbett. Für den Anschluß zur Außenwand die Flachanker in die Lagerfuge biegen.

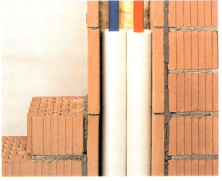
Schlitze für Abwasserrohre und andere Leitungen stellt man sehr bequem mit U-Steinen her.

Wenn es die Statik zuläßt, werden über Fenstern und Türen Ziegel-Flachstürze verlegt.

Mauerkrone verlegt werden, erhält man automatisch ein sauberes Auflager und man hat zugleich die Ziegellochung der Wand verschlossen.

Entsprechend der Deckenpläne wird nun die Unterkonstruktion aufgebaut. Sprieße und Kanthölzer bilden bei Einhängedecken die Abstützungen für die durchlaufenden Gitterträger, die von Wand zu Wand ohne Kraneinsatz verlegt werden. Dazwischen hängt man (ebenfalls von Hand) spezielle Deckenziegel ein, bringt dann die Ringankerbewehrung auf, ehe man zum Schluß den Raum über den Gitterträgern und den Ringanker mit Beton füllt und so eine ebene Deckenoberfläche erhält. Übrigens: Die Einhängedecke gibt es auch als Holz-Ziegel-Kombination. Dabei werden anstatt der Gitterträger Holzbalken ausgelegt. Bei dieser Decke spart man nicht nur Beton und Stahl, sondern auch den Aufbau der stützenden Unterkonstruktion. Allerdings braucht auch eine Holz-Ziegeldecke einen Ringanker: deshalb das Deckenauflager mit Sperrpappe oder Deckenrandsteinen ausführen.

Wer sich für eine Ziegel-Elementdecke entschieden hat, spart viel Zeit. Man braucht jedoch einen Kran, um die großen Platten auf dem Mauerwerk zu plazieren. Wie bei allen Fertigteildecken muß dann nur noch ein Ringanker betoniert werden.

Mit dem Bau der Treppe, dem Abdichten der Kelleraußenwände und dem Verfüllen der Baugrubenarbeitsräume wird der Kellerbau beendet. Worauf man bei diesen Arbeiten achten muß, wurde ebenfalls im Kapitel „Der Rohbau aus Porenbeton" ausführlich dargestellt.

Im Erdgeschoß wiederholen sich viele Arbeitsschritte

Mit dem Justierboy wird nun die unterste Steinschicht im Erdgeschoß angelegt. Danach geht es wieder mit Dünnbettmörtel weiter. Soll vor die tragende Ziegelaußenwand eine Klinkerfassade kommen? Dann bereitet man jetzt dieses zweischalige Mauerwerk vor, indem man Drahtanker in die Lagerfugen einlegt. Anzahl: rund fünf Stück je Quadratmeter. Den genauen Aufbau der zweischaligen Außenwandkonstruktion (mit oder ohne Dämmung, Einbau der sogenannten Z-Abdichtung) entnehmen Sie bitte der Werkplanung.

Wer im Erdgeschoß große Fenster vorgesehen oder einen großzügigen Innenbe-

Fensterstürze, die hohe Lasten aufnehmen müssen, schalt man mit U-Steinen.

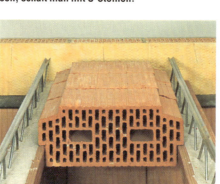
Bei dieser Einhängedecke bildet eine Sperrpappe das Auflager, der Rand wurde zusätzlich ...

Ziegeldecken sind auch als Fertigteilplatten lieferbar, die man mit dem Mobilkran verlegt.

... aufmörteln und anschließend Bitumen-Spachtelmasse auf dem Kellermauerwerk aufbringen.

Gedämmte L-Steine sind Deckenauflager und Deckenrand in einem.

... gedämmt. Durch Ausbetonieren der Hohlräume entsteht eine durchgehende Deckenfläche.

Wenn die Decke liegt, beginnt man mit der Abdichtung der Kelleraußenwände. „Hohlkehle" ...

Die erste Steinschicht im Erdgeschoß wird wieder in ein ausgleichendes Mörtelbett gelegt.

Im Erdgeschoß wiederholen sich fast alle Schritte, die man bereits vom Keller kennt. Zunächst werden die Ecken hochgezogen. Dann an der Richtschnur Schicht für Schicht ausmauern.

Neu ist für den Selbstbauer im Erdgeschoß der Einbau der Rolladenkästen. Der tragende ...

... Sturz über dem Kasten wird entweder in der Decke intergriert oder mit U-Steinen geschalt.

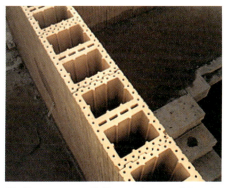

Die Abtrennung zur Einliegerwohnung erfolgt mit Schallschutzziegeln, die man ausbetoniert.

Die Giebel sind gemauert, der Rohbau ist fertig. Jetzt kann der Dachstuhl kommen.

reich geplant hat, muß jetzt eventuell Stützen oder Mauerpfeiler errichten. Stützen können sehr einfach aus senkrecht gestellten Ziegel-U-Schalen gebaut werden, die einen stahlarmierten Betonkern erhalten. Mauerpfeiler errichtet man aus Steinen mit einer hohen Druckfestigkeit. Die Details, die man beim Bau gemauerter Pfeiler kennen muß, stehen in der Statik.

Falls man das Haus mit Rolläden ausrüsten möchte, müssen im Rohbau Rolladenkästen gesetzt werden. Die Größe der Auflager sowie die detaillierte Ausführung der tragenden Betonstürze über den Kästen entnimmt man ebenfalls der ausführlichen Werkplanung.

Bauherren von Mehrfamilienhäusern oder von Einfamilienhäusern mit Einliegerwohnung bauen wohnungstrennende Wände aus Schallschutzziegeln. Das sind Schalungssteine, die man später ausbetoniert. Die Betonkammern werden immer genau übereinander angeordnet. Übrigens: Auch zu gemeinsamen Treppenhäusern muß man Schallschutzwände bauen. In diesem Zusammenhang darf man natürlich nicht vergessen, daß wohnungstrennende Decken nicht aus Ziegelmaterial, sondern aus Beton hergestellt werden. Dieses Deckensystem (Filigrandecke) ist in den beiden vorangegangenen Kapiteln bereits erläutert worden.

Stürze, Installationsschlitze sowie die Vorbereitung der Auflager für die Erdgeschoßdecke werden nun genau wie beim Kellerbau ausgeführt.

Weiter geht's mit dem Dachgeschoß. Damit die Giebelwände exakt die geplante Dachneigung haben, muß man frühzeitig den Scheitel der künftigen Dachsparren markieren (Holzbrett an die Hauswand dübeln, Richtschnüre spannen). Falls ein Drempel (Kniestock) geplant ist, wird man natürlich dessen Höhe auch berücksichtigen: Detailskizze anfertigen. Es ist empfehlenswert, in diesem Stadium mit dem Zimmermann die genauen Positionen der Dachstuhlauflager abzustimmen.

Giebelringanker und Betonauflager für das Dachgebälk schalt man mit U-Steinen oder U-Schalen. In Außenwänden wärmegedämmte U-Steine einbauen!

Nun kann der Dachstuhl aufgestellt werden. Für den Selbstbauer geht es dann mit der Dacheindeckung weiter. Alle Arbeitsschritte, die man als Do-it-yourself-Dachdecker erledigen muß, sind im Kapitel „Dach und Schornstein" dargestellt.

DER ROHBAU WIRD JETZT WETTERFEST

Wände können aus Porenbeton, Schalungssteinen oder Planziegeln errichtet werden, das Dachgebälk besteht immer aus Holz. Aber ein normales Dach gibt es trotzdem nicht. Die möglichen Kombinationen aus Eindeckungsmaterial und Dachform multiplizieren sich zu unzählbaren Dachvarianten wie das rustikale Mansardendach mit Biberschwanzziegeln, das moderne Pultdach aus Kupferblech oder das urige, mit Reet gedeckte Walmdach. In dieser kleinen Auswahl verbirgt sich bereits eine solche Fülle von Konstruktionsdetails, daß der Selbstbau-Ratgeber eben doch ein ganz normales Dach definieren muß: das Satteldach mit Betonpfannen. Wenn der Bebauungsplan es zuläßt, ist dieser Dachtyp sowieso Favorit: Er ist relativ einfach in der Herstellung und deshalb auch kostengünstig. Das Decken des Satteldachs können Sie selbst erledigen, das Aufrichten des Dachstuhls ist jedoch eine Arbeit für das Team der Zimmerleute.
Auf die Zimmerleute wird nur dann verzichtet, wenn ein Massivdach geplant wurde. In diesem Fall können Sie bereits beim Verlegen der Grundkonstruktion wieder kräftig selbst mit anpacken.

Mit Erfahrung, Kraft und Vorschlaghammer...

... gehen die Zimmerleute ans Werk. Nur einen Tag brauchen die Fachleute, um in luftiger Höhe aus wuchtigen Holzbalken den Dachstuhl aufzubauen. Wer diese Arbeit selbst erledigt, gewinnt nichts. Legen Sie also eine Pause ein und schauen Sie den Profis zu.

Bausatzhaus-Bauherren sind jetzt erneut klar im Vorteil. Denn sie brauchen sich um nichts zu kümmern. Der Selbstbau-Partner organisiert, daß die Zimmerleute mit Werkzeug, Holz und Autokran zur Baustelle kommen. Am Beispiel eines Pfettendachs erleben wir nun den nächsten Schritt zum eigenen Haus.

Unabhängig davon, aus welchem Material der Rohbau gemauert wurde, plazieren die Zimmerleute zuerst die sogenannten Pfetten auf den Betonauflagern. In Bündeln zusammengepackt werden dann die Sparren auf den Mittelpfetten abgelegt. Nun ist bereits das gesamte Material an Ort und Stelle, und die Zimmerleute können richtig loslegen. Erst wenn Sparren, Pfosten und die Grundkonstruktion der Gauben aufgerichtet sind, werden die Verbindungen zu den Betonauflagern mit Spezialschrauben hergestellt. Zur Aussteifung bringen die Handwerker noch Rispenbänder diagonal über den Sparren an.

Dann ist es soweit: Das Richtfest wird gefeiert. Schwierigkeiten und Anekdoten, die sich während der Rohbauzeit ereignet haben, liefern den Stoff für abendfüllende Gespräche. Doch eines wollen alle Gäste wissen: Wann wird das Haus fertig sein? Der Bauherr sollte sich darauf frühzeitig eine passende Antwort überlegen.

Zum Schluß muß man noch einmal zu Mörtel und Kelle greifen

Nach dem Fest geht es wieder in eigener Regie weiter. Die Giebelwände werden mit schrägen Steinen bündig mit den Sparrenoberkanten fertiggestellt. Nicht ganz so schnell geht es, wenn ein Ringanker gefordert ist. Geschalt wird mit Baudielen oder mit schmalen Steinen, die mit der Sparrenoberkante in einer Flucht liegen. Als Ringankerschalung sind auch Sparren geeignet, die direkt ans Mauerwerk grenzen. Wichtig: Bei Außenwänden stellt man Dämmplatten von innen an die äußere Schalhaut.

Der Giebelringanker bindet in die Pfettenauflager ein. Deshalb muß man schon beim Bewehren der Auflager den Ringanker berücksichtigen und Anschlußeisen vorsehen. Diese Stahlstücke werden mit der Bewehrung des Giebelringankers verknüpft. Üblich sind vier durchlaufende Stäbe mit Durchmesser zehn Millimeter. Bügel überall dort anordnen, wo es die Statik fordert. Danach Schalung und Mauerwerk anfeuchten und den Ringanker betonieren: Betongüte „B 25". Siehe auch „Merkblatt Stahlbeton (II)" auf Seite 121.

Die erste Arbeit auf dem Weg zum regendichten Rohbau ist nun das Verschalen der Dachüberstände. Beginnend an den Sparrenköpfen werden von oben wetterfest lasierte Nut-und-Feder-Bretter aufgenagelt (die Nut muß nach unten zeigen!). Stöße legt man auf die Sparren.

Ausklinkungen im Sparren sorgen dafür, daß die Profilschalung mit der Sparrenoberkante im nicht verschalten Bereich eine Ebene bildet. So läuft die Lattung später ohne Versatz über die Dachfläche. Die Verkleidung am Ortgang wird nur dann von oben angebracht, wenn sich außerhalb der Außenwand mindestens ein Sparren

Der Holzbalkendachstuhl

Als erstes legen die Zimmerleute die Pfetten lose aufs Mauerwerk.

Nachdem die Fuß- und Mittelpfetten ausgerichtet sind, werden die Sparren nach oben gebracht ...

... und Stück für Stück an den Pfetten mit Nägeln befestigt.

Erst wenn der komplette Dachstuhl steht, stellt man die Verbindung zu den Betonauflagern her.

Mit diagonal aufgenagelten Rispenbändern erhält der Dachstuhl seine räumliche Stabilität.

Nun ist der Selbstbauer wieder an der Reihe: mit schrägen Steinen die Giebelwände beenden.

Welches Material auch gewählt wurde: Alle Paßstücke bitte sorgfältig einfügen.

Wer seinen Rohbau aus Schalungssteinen gemauert hat, muß die Giebelsteine verfüllen.

Ist ein Giebelringanker geplant? Dann muß jetzt geschalt, bewehrt und betoniert werden.

Der Dachstuhl steht, die Giebelwände sind fertiggestellt. Ab jetzt sind die Dachdeckerarbeiten ...

... für alle Selbstbauer gleich: Unabhängig, ob der Rohbau aus Porenbeton, Ziegeln oder ...

... aus Schalungssteinen errichtet wurde. Nun heißt es erstmal für alle Bauherren: Gut Holz.

Dach und Schornstein

Die Dachdeckerarbeiten beginnen mit dem Verschalen der Dachüberstände am Ortgang und an der Traufe. Gut geeignet ist wetterfest lasiertes Profil-Holz (Nut-und-Feder-Bretter).

Damit die Dachlatten ohne Versatz über die Dachfläche laufen, wird an den Sparrenköpfen eine Ausklinkung vorgesehen. Tip: Den Zimmermann fragen, ob er diese Arbeit erledigen kann.

Hinweis: Man kann jedoch nur dann die Ortgangverschalung von oben anbringen, wenn außerhalb der Giebelwände mindestens ein Sparren verläuft.

Ist außen kein Sparren vorhanden, wird zunächst das Dach gedeckt. Später schraubt man von unten zwei Latten parallel zum Ortgang an und montiert die Holzverschalung von unten.

Die Unterspannbahn wird verlegt. Man beginnt unten an den Sparrenköpfen und rollt die Folie quer über das gesamte Dach. Die einzelnen Bahnen läßt man zehn Zentimeter überlappen.

Mit imprägnierten Dachlatten wird die Unterspannbahn gesichert. Auf jedem Sparren bringt man diese Holzleisten an, die zugleich die Konterlattung bilden.

In windiger Region: Ein Unterdach aus Brettern und Dachpappe

In windigen Gegenden und bei flachen Dächern (Neigung weniger als 22 Grad) sollte man ein Unterdach aus Brettern auf den Sparren aufbringen. Brettdicke: mindestens 24 Millimeter, Sparren nicht ausklinken. Bei großen Sparrenabständen (mehr als 65 Zentimeter) müssen Sie die Holzdicke mit dem Statiker besprechen. Auf die Verschalung kommt Dachpappe (Typ „V 13" oder „500") oder eine spezielle Unterspannbahn. Darüber bringt man die Lattung auf.

Unterdach und Lattung

befindet. Andernfalls befestigt man später die Brettchen an den auskragenden Dachlatten von unten.

Nach der Profilholzmontage wird die Unterspannbahn verlegt. Man beginnt an den Sparrenköpfen, rollt die Bahnen quer über das gesamte Dach und fixiert sie mit imprägnierten Holzlatten (Konterlattung). Bahnenstöße läßt man zehn Zentimeter überlappen. Wo die Folie an eine Gaubenwand oder an den Schornstein grenzt, zieht man sie ein Stück hoch und befestigt sie zum Beispiel mit Bitumenklebeband.

Nun ermitteln Sie die Abstände der ziegeltragenden Dachlatten für Standard-Pfannen (40 Zentimeter lang): Die unterste Dachlatte verläuft bündig mit den Sparrenköpfen, vom First hält man einen Abstand von etwa fünf Zentimetern. Die Distanz zwischen der Oberkante der oberen Latte und der Unterkante der Sparrenkopflatte messen und durch eine ganze Zahl teilen, bis man einen Wert zwischen 31,2 und 34,5 Zentimetern erhält (gilt für Dachneigungen von mehr als 30 Grad). Beispiel: gemessene Distanz 7,57 Meter. Geteilt durch 24 ergibt 31,5 Zentimeter, geteilt durch 22 sind das 34,4 Zentimeter. Nun hat man die freie Wahl: entweder 22, 23 oder 24 Reihen. Bei einer Dachneigung zwischen 22 und 30 Grad beträgt der Lattenabstand 31,2 bis 33,5 Zentimeter. Unter 22 Grad: 31,2 bis 32,0 Zentimeter.

Und so errechnet man die Dach-Konstruktionsbreite (Dachlattenlänge): Das ist die Hausbreite plus zwei Dachüberstände am Ortgang. Beispiel: 8,40 Meter. Von den 8,40 Metern zieht man die Konstruktionsbreite der beiden Giebelpfannen ab (Beispiel: 26 plus 29 Zentimeter. Der Falz wird einmal mitgerechnet!) und teilt den Rest durch 30 Zentimeter (Deckbreite einer normalen Pfanne (Falz nicht mitrechnen!). Ergebnis: 26,2. Es müßten zusätzlich zu den Randsteinen 26 oder 27 normale Pfannen in einer Reihe verlegt werden. Die Dachlattenlänge wäre dann 8,35 oder 8,65 Meter, bei Verwendung von 26 ganzen und einer halben Pfanne 8,50 Meter. Wer 8,35 Meter wählt, liegt statisch gesehen auf der „sicheren Seite". Hinweis: Bevor Sie die Formeln anwenden, kontrollieren Sie die Maße Ihrer Dachsteine. Werte eventuell ändern! Mit Nägeln werden nun die Latten auf der Konterlattung befestigt. Welche Nagelgrößen für Ihre Dachlatten richtig sind, entnehmen Sie bitte dem „Merkblatt Dach" auf Seite 125.

Nun kann bereits die ziegeltragende Querlattung aufgenagelt werden. Um nicht ständig die Distanzen zwischen den Hölzern messen zu müssen, baut man sich eine Abstandsschablone.

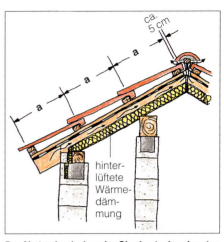

Der Abstand zwischen der Oberkante der obersten Latte und der Unterkante der unteren Latte wird durch eine ganze Zahl geteilt. Das Ergebnis („a") muß zwischen 31,2 und 34,5 Zentimetern liegen.

Entsprechend dem gewünschten seitlichen Dachüberstand spannt man zur Kontrolle eine Richtschnur. Dann verlaufen alle Dachlatten genau in einer Flucht.

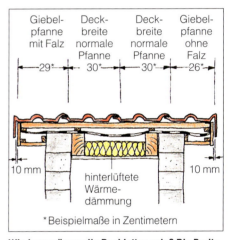

Wie lang müssen die Dachlatten sein? Die Breite von Giebelpfannen und normalen Dachsteinen sowie die Breite des gewünschten Dachüberstands gehen in die Berechnung ein.

Wenn kein Sparren außerhalb der Giebel verläuft, erhält man eine sehr schöne Ortgang-Optik durch seitlich angebrachte Stirnbretter. Später die Ortgangverschalung von unten anschrauben.

Ist eine Wärmedämmung unter oder zwischen den Sparren vorgesehen? Dann muß die Unterspannbahn am First aufgeschnitten werden, damit später ein Luftstrom entstehen kann.

Damit man nicht ständig die Distanzen beim Annageln der Latten messen muß, baut man eine Schablone. Dennoch sollte man jeweils nach etwa fünf Reihen an mehreren Punkten die verbleibende Entfernung zum First prüfen, damit die Hölzer auch immer schön waagerecht verlaufen.

Wichtig: Die untere Latte in doppelter Dicke ausführen. So hat die unterste Pfannenreihe die gleiche Neigung wie alle übrigen. Ein Stirnbrett, das man jetzt an den seitlich auskragenden Dachlatten befestigt, bringt eine saubere Ortgang-Optik.

Falls eine hinterlüftete Wärmedämmung zwischen oder unter den Sparren geplant ist, muß die Unterspannbahn am First aufgeschnitten werden, ehe das Dach gedeckt wird. Erforderliche Breite dieser Öffnung: fünf bis zehn Zentimeter. Natürlich muß auch unten an der Traufseite eine Öffnung vorhanden sein. Nur dann kann ein Luftstrom entstehen, der eventuell anfallendes Tauwasser herausträgt.

Bevor das Dach gedeckt wird, montiert man die Regenrinne

Die Rinneisen (Rinnenhalter) werden in die unterste Dachlatte eingelassen, so daß die Pfannen später sauber aufliegen. Ein spezielles Biegewerkzeug erleichtert das Anpassen der Rinneisen an die Dachneigung. Dabei das Gefälle der Rinne berücksichtigen: rund drei Millimeter pro Meter. Bei einer Rinnenlänge von zehn Metern (Beispiel) beträgt der Gesamthöhenunterschied also drei Zentimeter. Der verbleibende, abgeknickte Schenkel des ersten Rinnenhalters muß demnach drei Zentimeter kürzer sein als der Schenkel des letzten. Nun bringt man die beiden äußeren Halterungen so in Position, daß die Dachpfannen rund fünf Zentimeter in die Rinne ragen. An zwei Schnüren (entlang der späteren Rinnenvorderkante und am Boden) richten Sie die weiteren Rinneisen aus (Abstand: 50 bis 70 Zentimeter). Gut wird das Ergebnis, wenn alle Halter genau über den Sparren sitzen. Und jetzt noch drei wichtige Hinweise:
○ Der vordere Rinnenrand muß etwa einen Zentimeter unterhalb des hinteren Rinnenwulstes liegen.
○ Die Halter dürfen nicht mit dem Abflußstutzen kollidieren.
○ Rinneisen aus Kupfer müssen mit Kupfernägeln, verzinkte Halter müssen mit Zinknägeln befestigt werden. Alternativ sind auch Edelstahlschrauben mit speziellen Unterlegscheiben geeignet. Tip: Sobald alle Rinneisen montiert sind, sollten Sie eine Peilung vornehmen und notwendige Korrekturen sofort durchführen.

Das erste Rinnenstück wird dann an jener Seite befestigt, an der das Fallrohr vorgesehen ist. Legen Sie nun dieses Rinnenstück testweise so auf die Halter, daß die Rinne mit dem seitlichen Dachüberstand am Ortgang bündig abschließt. Jetzt markieren Sie die Position des Ablaufstutzens, an dem das Fallrohr angeschlossen wird, und schneiden mit Säge oder Blechschere das Loch für den Ablauf aus: den Durchmesser etwas kleiner als den des Ablaufrohrs wählen. Mit gefühlvollen Hammerschlägen bördeln Sie die Schnittkante nach unten. So wird das Wasser auch bei schwachem Regen ins Fallrohr tropfen. Dann hängen Sie das Rinnenstutzen-Formteil an den vorderen Wulst der Rinne und klappen den Stutzen nach hinten um. Doch ehe man die Befestigungslaschen des Stutzens nach innen über die Rinnenhinterkante knickt, müssen jene Stellen an Rinne und Stutzen mit Stahlwolle gereinigt und mit Flußmittel (Lötfett oder Lötwasser) bestrichen werden, die man im nächsten Arbeitsgang durch Löten dauerhaft verbindet. Sitzt der Ablaufstutzen, wird die Lötstelle mit der Flamme des Lötbrenners gleichmäßig erhitzt. Sobald sich die Kupferoberfläche verfärbt, dreht man den Brenner ein Stück zur Seite und läßt Lötzinn in den Spalt zwischen Rinne und Stutzen fließen.

Jetzt wird das Rinnenendstück auf die Rinne gesteckt. Vorher wieder die Lötbereiche beider Teile gründlich reinigen und mit Flußmittel bestreichen. Nun die Lötstelle erwärmen und nach dem Verfärben das Lötzinn loslaufen lassen. Das zweite Endstück wird später montiert. Achtung: Die Flamme niemals aufs Lötzinn halten.

Nun richten Sie das erste Dachrinnenstück so aus, daß sich der Stutzen über dem künftigen Fallrohr befindet: Dabei muß das Rinnenende mit dem Stirnbrett am Ortgang abschließen. Zwischen dem Schenkel des Giebelsteins (Ortgangpfanne) und dem Rinnenende soll später nur ein millimeterdünner Spalt bleiben. Durch Umbiegen der Rinneisenfedern wird dieses erste Rinnenstück fixiert. Danach die weiteren Rinnenstücke montieren. Die Überlappungsbereiche säubern, mit Flußmittel bestreichen und zusammenlöten.

Die Kunststoff-Dachrinne

Dachrinnen aus Kunststoff sind für Selbstbauer recht einfach zu verarbeiten. Es gibt sogar Kunststoffrinnen, die man nur noch zusammenstecken muß. Die Unterschiede zur Metallrinne im einzelnen: Den Kunststoff-Ablaufstutzen läßt man einfach über die Rinne schnappen (vorher Ablauföffnung herausschneiden). Seitliche Korrekturen sind möglich, falls der Stutzen nicht sofort richtig sitzt. Auch das Rinnenendstück wird einfach aufgeschoben. Fertig. Dann Rinne einhängen, Rinneisen-Laschen umbiegen. Die temperaturbedingten Materialbewegungen werden von speziellen Verbindungsstücken aufgenommen, die man zwischen den Rinnenstücken einbaut.

Die Regenrinne

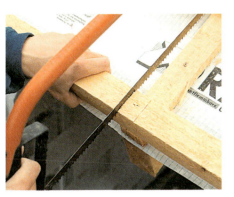

Damit die Pfannen später sauber aufliegen, werden Vertiefungen für die Rinneisen ausgesägt.

Mit einer Biegezange bringt man die Rinneisen entsprechend der Dachneigung in Form.

Zuerst werden die äußeren Rinneisen an der untersten Dachlatte angenagelt oder angeschraubt.

Alle weiteren Rinnenhalter orientieren sich an einer Doppelrichtschnur.

Die Abflußöffnung wird mit der Blechschere aus der Rinne geschnitten.

Als nächstes wird der Abflußstutzen eingehängt und fest angelötet.

Auch die Rinnenendstücke befestigt man jetzt mit Flamme und Lötzinn.

Die Endmontage beginnt. Das erste Rinnenstück wird auf die Rinnenhalter gelegt.

Durch Umbiegen der Rinneisenfedern fixiert man die gesamte Regenrinne.

Die Fallrohre werden erst nach den Außenputzarbeiten endgültig angebracht.

Unterschiedliche Rohrdurchmesser werden am Boden mit einer Standrohrkappe ausgeglichen.

Kleine Dachflächen können durch eine Sonderanfertigung zur Seite entwässern.

Die Dachdeckerarbeiten beginnen mit einer Reihe an der Traufe und einer Reihe am Ortgang.

Von unten wird dann die gesamte Dachfläche mit Pfannen zugedeckt.

Lüfterpfannen sorgen dafür, daß unter der Dachhaut ein Luftstrom entstehen kann.

Wenn von außen kein Weg aufs Dach führt, muß eine Luke für den Schornsteinfeger her.

Fallrohre der Innenentwässerung entlüftet man übers Dach. Unterspannbahn aufschneiden ...

... und Dunstrohraufsatz in die Dachdeckung einbauen. Das Formstück mit Schrauben sichern.

Die Standsteine für den Fußweg zum Schornstein erhalten eine Zusatzlatte zur Verstärkung.

Sicherer Weg für den Schornsteinfeger: Die Gitter werden auf Standsteinen montiert.

Das letzte Rinnenstück dann zuschneiden, Endstück anlöten und einbauen.

Das Fallrohr zunächst provisorisch zusammenstecken, um die Dachentwässerung sicherzustellen. Erst nach Abschluß der Außenputzarbeiten wird das Fallrohr endgültig an Rohrschellen befestigt, die man ins Mauerwerk dübelt. Der Abstand der Schellen untereinander soll nicht größer als zwei Meter sein. Am Verbindungsstück zwischen Stutzen und Fallrohr lötet man zwei gegenläufige Bögen fest.

Weil die Fallrohre meist einen kleineren Durchmesser haben als die Kunststoff-Grundleitungen, entsteht am Übergang in den Boden ein Zwischenraum. Dieser wird mit einer Standrohrkappe verschlossen.

Jetzt ist es endlich soweit: Die Pfannen kommen aufs Dach

Ein Dach deckt man immer von unten nach oben. Nachdem die unterste Reihe in Position gebracht ist, wird eine komplette Ortgangreihe senkrecht bis hoch zum First verlegt (eventuell Richtschnur spannen). So entsteht ein „Koordinatensystem", an dem die weiteren Dachsteine ausgerichtet werden. Vergessen Sie nicht, die notwendigen Formsteine an den vorgesehenen Stellen einzubauen. Ober- und unterhalb des Schornsteins sorgen zum Beispiel Lüftersteine dafür, daß sich der Luftstrom unter dem Dach nicht staut. Besprechen Sie vor dem Dachdecken mit dem zuständigen Schornsteinfeger, wo er seinen Standplatz haben möchte. An dieser Stelle setzen Sie dann vorgefertigte Standsteine, auf die später ein Metallgitter montiert wird. Darüber hinaus gibt es noch weitere Sonderformate: Dunstrohraufsatz, Antennendurchgang, Schneestoppstein.

Schon sind Sie oben. Früher wurden die Firststeine in Mörtel verlegt, heute hat sich die Trockenbauweise durchgesetzt. Auf Blechformteilen wird die Firstlatte befestigt, über die ein regendichtes Kunststoff-Element gestülpt wird. Mit Klammern fixiert man anschließend die Firststeine.

Wenn Gauben vorgesehen sind, ist das Decken des Dachs aufwendiger. Die Zimmerleute haben das Grundgerüst der Gauben aufgestellt, Ihre Aufgabe ist nun das Verschalen der Gaubenwände mit Brettern (24 bis 30 Millimeter dick). Die Unterspannbahn des Hauptdachs führt man an der Gaubenwand und vor der Gaubenfront mindestens zehn Zentimeter hoch.

Die Dacheindeckung

Zum Beginn der Firstmontage die oberen Pfannen legen und die Höhe der Firstlatten ausmessen.

Dann entfernt man die Pfannen wieder und hebt die obersten Dachlatten ein wenig an.

Jetzt biegt man die Firstlattenhalter passend zur Dachneigung und zur Firstlattenhöhe zurecht.

Firstlattenhalter unter die Dachlatten schieben und an der Schnur ausrichten. Latten festnageln.

In unserem Beispiel besteht die Firstlatte aus zwei übereinanderliegenden Dachlatten.

Am Firstende muß die Firstlatte bündig mit den Giebelpfannen abschließen.

Auf der Firstlatte bringt man nun die Trockenfirst-Formteile an.

Auch das Kunststoff-Element muß am Firstende bündig mit den Giebelpfannen verlaufen.

DER SPAR TIP

Weit über tausend Dachpfannen müssen nach oben befördert werden. Wer diese Arbeit zu Fuß erledigt, muß mehr als zweihundertmal vollgepackt vom Materiallager aufs Dach klettern. Viel Zeit

und vor allem Energie spart man, wenn ein Aufzug gemietet wird (beim Baumaschinenverleih oder beim Selbstbau-Partner anfragen). Tip: Die Pfannen noch vor der Regenrinnenmontage an Ort und Stelle bringen. So ist die Gefahr einer Beschädigung der Rinne weitgehend ausgeschlossen.

Mit Blechklammern werden die Firstpfannen gesichert.

Lüfterelemente mit viel Kraft nach unten drücken. Dabei Firststein und Klammer anschrauben.

Dach und Schornstein

Die Rohkonstruktion der Gaube steht. Jetzt müssen die Wände mit Brettern verschalt werden.

Die Unterspannbahn oder Dachpappe führt man vom Hauptdach an den Gaubenwänden hoch.

Nun verlegt man auf dem Gaubendach die Konterlattung und die ziegeltragende Querlattung.

Ein wenig knifflig ist das Anbringen der Kehlbleche am Übergang vom Gauben- zum Hauptdach.

Tip: Kehlbleche und Gaubenwandverschalung vom Handwerker ausführen lassen.

Das schräge Zuschneiden der Dachpfannen kann der Bauherr jedoch wieder selbst erledigen.

Flexible Dichtungsbahnen von der Wand auf die Pfannen legen. Danach die Wand verkleiden.

Fertig. Gauben erfordern zwar sehr viel Arbeit, werten das Haus aber auch deutlich auf.

Mit Bitumenklebeband sichern. Will man die Außenflächen später mit Profilholz oder Schindeln verkleiden, befestigt man auf der Schalung zusätzlich eine Lage Dachpappe (Typ „333" unbesandet). Soll verputzt werden, kommen auf die Holzverschalung Leichtbauplatten als Putzträger. Wichtig: Dachpappe oder Leichtbauplatte über die Verbindungsnaht zwischen Unterspannbahn und Bretterschalung führen. Weiterhin ist es möglich, die Seitenwände mit passend angefertigten Fenster-Elementen zu verglasen.

In windigen Regionen oder bei geringer Dachneigung (unter 22 Grad) braucht die Gaube auch dann ein Unterdach aus Brettern und Dachpappe (Typ „V 13" oder „500"), wenn auf dem steileren Hauptdach nur eine Unterspannbahn unter Lattung und Pfannen liegt. Das Profilholz an Ortgang und Traufe sollte genauso dick sein wie das Unterdach. Dann muß man die Sparren nicht ausklinken. Das Aufbringen der Lattung erfolgt wie beim Hauptdach.

Besondere Aufmerksamkeit widmet man dem Übergang vom Haupt- zum Gaubendach. Auf die Lattung kommen Kehlbleche, die es fertig geformt zu kaufen gibt. Mit dem Verlegen beginnt man unten und läßt das folgende Blech (falls die Kehle länger als ein Blechstück ist) etwa zehn Zentimeter übergreifen. So kann Regenwasser problemlos ablaufen. Die Kehlbleche werden möglichst weit außen am Rand mit Nägeln auf den Dachlatten befestigt. Wichtig: Die Bleche müssen zur Metallregenrinne passen. Kupfer mit Kupfer, Zink mit Zink kombinieren. Nun werden die Pfannen mit der Trennscheibe zugeschnitten (Schutzbrille und Staubmaske tragen!). Abstand der schrägen Pfannen von der Blechmitte: rund fünf Zentimeter.

Sobald das Dach gedeckt ist, zieht man flexible Dichtungsbahnen (zum Beispiel „Braas Wakaflex") von der Gaubenwand-Unterkonstruktion auf die Dachhaut. Die Bahnen müssen eine Welle der Pfannen komplett überdecken. Vorn an der Gaube wird die Schürze zehn bis 15 Zentimeter auf die angrenzende Pfannenreihe geführt. Dann kann die Wand mit Schindeln verkleidet werden. Dabei beginnt man wieder unten und führt die seitliche Überdeckung so aus, daß starker Wind den Regen nicht unter die Platten drücken kann. Wer die Gaube verputzen möchte, bringt zunächst Eckprofile an und trägt anschließend einen gewebearmierten Putz auf.

Gaube und Dachflächenfenster

Sogenannte Wechsel im Dachgebälk ermöglichen auch den Einbau großer Dachflächenfenster.

Die Fenstermontage beginnt in unserem Beispiel mit dem Annageln der „Einbaulatte".

Anschließend wird der Futterrahmen plaziert und die Unterspannbahn außen angelegt.

Jetzt fixiert man den Rahmen provisorisch. Nägel in die Längsschlitze der Laschen schlagen.

Das untere Blech des Eindeckrahmens wird eingepaßt und am Futterrahmen angenagelt.

Sobald der komplette Eindeckrahmen montiert ist, wird der Fensterflügel eingehängt …

… und eine Funktionsprüfung durchgeführt. Vorher kann bereits das Dach fertiggedeckt werden.

Paßt und funktioniert alles? Dann können Sie den Futterrahmen endgültig befestigen.

Tip: Die Arbeiten an der Gaube sind kompliziert. Fehler können Bauschäden durch eindringendes Wasser verursachen. Deshalb sollte man die Gaubenwandverkleidung und die Kehlblechmontage Fachleuten überlassen. Die Dacheindeckung kann man jedoch ruhig selbst erledigen.

Die Alternative zur Gaube: das Dachflächenfenster

Wer Dachflächenfenster haben möchte, die breiter als der lichte Sparrenabstand sind, sollte das frühzeitig dem Zimmermann sagen. Der baut dann von vornherein sogenannte Wechsel ins Gebälk, die alle Lasten der durchtrennten Sparren aufnehmen. Geübte Handwerker bringen Wechsel auch nachträglich ein. Wichtig ist, daß diese Arbeit ein Fachmann ausführt. Denn es geht dabei um eine Veränderung der statisch tragenden Dachkonstruktion.

Beim Decken des Dachs berücksichtigt man bereits das Dachflächenfenster. Die Unterspannbahn wird über die künftige Fensteröffnung gezogen und dann so aufgeschnitten, daß noch etwa 20 Zentimeter breite Folienlappen übrigbleiben. Die Lattung führt man bis zum Balkenrahmen, die Pfannen verlegt man so weit, wie es geht.

Der erste Handgriff beim Einbau des hier gezeigten Fensters: Knapp zehn Zentimeter oberhalb der Dachlatte, die am unteren Wechsel verläuft, wird eine „Einbaulatte" angenagelt (gleicher Querschnitt wie die Dachlatten).

Nun wird der Futterrahmen in die Öffnung gehoben und auf der „Einbaulatte" abgestellt. Anschließend die überstehenden Folienlappen straffziehen und von außen auf den Rand des Rahmens legen. Nachdem der Rahmen provisorisch fixiert ist, die Unterspannbahn am Rahmen befestigen und abdichten. Dann kann bereits der Eindeckrahmen (Rahmenblech) angenagelt werden. Achtung: Der Dichtungsgummi muß die Übergänge vom Eindeckrahmen zum Fensterfutter sauber überlappen. Nun können Sie die Dachpfannen bis an den Stehfalz des Eindeckrahmens legen und die flexible Dichtungsschürze formvollendet darüberdrücken.

Nach dem Einbau und der Funktionsprüfung des Fensterflügels wird der Futterrahmen endgültig angenagelt. Wichtig: Manche Hersteller von Wohndachfenstern geben nur dann Garantien, wenn die Fenster ein Fachmann montiert hat.

Prima Klima unterm Dach aus Stein

Selbst sehr gut gedämmte Holzbalkendachstühle können nicht das behagliche Klima bringen, das man mit einem Massivdach erreicht. Der Grund: Die Dach-Elemente aus Porenbeton oder Ziegeln wirken nicht nur wärmedämmend, sondern auch wärmespeichernd. So ist das Massivdach eine echte Alternative zum traditionellen Holzgebälk.

Der aufwendigste Teil der Bauarbeiten fürs Massivdach fällt vor dem Verlegen der Platten an. Während das Auflager für einen Holzbalkendachstuhl im ungünstigsten Fall unterfüttert werden kann und die Giebelwände erst nachträglich ihre endgültige Form erhalten, gibt es beim Massivdach später kaum noch Korrekturmöglichkeiten. Deshalb sollte man die Arbeiten am gemauerten Massivdach-Auflager geradezu pedantisch erledigen. Das ist beim Rechteck-Grundriß schon sehr aufwendig. Wenn aber schiefe Winkel und Erker das Gebäude charakterisieren, ist es notwendig, die Winkel der Dachschrägen und die Lage des Firstscheitels mit mathematischer Genauigkeit mehrmals zu überprüfen.

Am besten spannt man Richtschnüre in der Plattenauflager-Ebene. Nun wird jeder Stein zunächst trocken eingepaßt und der schräge Auflagerverlauf angezeichnet. Einfach und genau geht das Zuschneiden, sofern man mit Porenbeton baut und eine Bandsäge zur Verfügung hat.

Falls ein Stahlbeton-Ringanker als Plattenauflager erforderlich ist, kann es kompliziert werden, wenn aus dem Auflager Anschlußeisen ragen, die später genau in die Fugen zwischen den Platten passen sollen. Dann ist die Mitarbeit eines Bauexperten zu empfehlen. Geschalt wird der Ringanker seitlich mit schmalen Steinen. Anschließend knüpft man die Ringankerbewehrung mit den Anschlußeisen und bringt den Beton ein. Vorher das Mauerwerk annässen. Hinweis: Ob ein gemauertes oder ein betoniertes Auflager notwendig ist, errechnet der Statiker.

Beim Massivdach sind Stützen und Schalungen überflüssig

Sobald die Auflager für die Massivdachplatten fertiggestellt sind, verlegen Sie gemeinsam mit zwei Helfern und einem Baustellen-Einweiser des Massivdach-Lieferanten die Fertigteile. Innerhalb weniger Stunden ist das Dach zugedeckt.

Die Dachplatten bestehen aus bewehrtem Porenbeton oder aus bewehrten Ziegel-Elementen, die bereits bei der Anlieferung die volle Tragfähigkeit besitzen. Deshalb sind auch beim Massivdach Stützen und Schalungen überflüssig.

Porenbeton-Massivdachplatten liegen normalerweise auf Giebelmauern und tragenden Innenwänden auf. Jede Dachneigung und fast jede Spannweite sind machbar. Produktionsbedingt können die Fertigteile aber nur eine Maximal-Länge von rund sechs Metern haben. Sollen größere Distanzen überbrückt werden, benötigt man Stahlbeton-Unterzüge oder Stahlträger („Dopppel-T-Träger"), wie sie bereits bei der Porenbetondecke vorgestellt wurden (Seite 57). Während Stahlbeton-Unterzüge unterhalb des Dachs wie große Stürze den Raum sichtbar überspannen, können die Stahlträger in Plattenebene eingebaut werden, so daß sie später nicht mehr sichtbar sind. Auf diese Weise lassen sich für nahezu jeden Grundriß passende Massivdach-Konstruktionen herstellen.

Auch Dachflächenfenster kann man in Massivdächer einbauen. Allerdings geht das nur mit individuell vorgefertigten Stahlrahmen. So ein Stahlbauteil stützt sich meist auf seitlichen Wänden ab und gibt jenen Dachplatten sicheren Halt, die für das Dachflächenfenster durchtrennt wurden. Je größer das Fenster sein soll, um so aufwendiger wird der Rahmen.

Tip: Dachflächenfenster in der Nähe von tragenden Innenwänden, die parallel zum Giebel verlaufen, können dann ohne Stahlrahmen realisiert werden, wenn die durchtrennten Dachplatten jeweils mindestens zwei Auflager haben (auf dem Giebel und auf einer Innenwand). Dann bildet

Das Massivdach

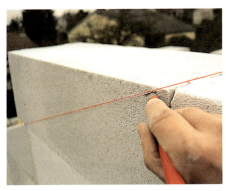
Das Massivdach-Auflager wird vorbereitet: Steine trocken setzen und Dachschräge anzeichnen.

Den zugesägten Stein setzt man wie gewohnt in Dünnbettmörtel.

Nun werden die Massivdach-Fertigteile mit dem Autokran nach oben gehievt.

Mit „Doppel-T-Trägern" überdeckt man auf einfache Weise große Spannweiten.

Individuell angefertigte Stahlrahmen ermöglichen den Einbau von Dachflächenfenstern.

Auch Gauben sind in Verbindung mit dem Massivdach möglich (hier: Ziegel-Massivdach).

Sobald die Dachplatten liegen, wird der Dachrand abgemauert.

Im Ringanker kann man tragende Rolladenkästen integrieren. Details mit dem Statiker besprechen.

In die Fugen zwischen den Fertigteilplatten muß man Stabstahlstücke legen.

Schon kann der Ringanker ausbetoniert werden. Danach die Fugen mit Mörtel füllen.

Jetzt beginnt man mit dem Verlegen der Kanthölzer. Dachüberstand an der Schnur ausrichten.

Die Kanthölzer befestigt man mit Schrauben und Nägeln entsprechend der Statik.

man die Dachplatten als Kragplatten (ähnlich wie Balkonplatten, Seite 60) aus, die keinen Stahlrahmen brauchen. Bei der detaillierten Planung hilft Ihnen der Selbstbau-Partner.

Auch eine Luke für den Schornsteinfeger kann man selbstverständlich im Massivdach aussparen. Hier helfen Wechsel, wie man sie vom Schornsteindurchgang in Porenbetondecken kennt (Seite 37).

Wichtig: Der nachträgliche Einbau von Dachflächenfenstern in ein Massivdach ist so gut wie ausgeschlossen. Auf gar keinen Fall dürfen eigenmächtig Öffnungen in die Dachplatten gesägt werden. Das Massivdach ist (genau wie eine Geschoßdecke) ein Bauteil, dessen Tragfähigkeit nur im statisch berechneten Gesamtsystem garantiert ist.

Das Massivdach bekommt rundherum einen Stahlbeton-Ringanker

Jetzt sind die Dachplatten verlegt und man beginnt mit dem Abmauern des Dachrands. Diese Arbeit kennen Sie noch von der Fertigteildecke. Von innen kommen an die Randsteine Dämmplatten, dann wird der Ringanker geknüpft und ausbetoniert (Abstandhalter verwenden und Mauerwerk anfeuchten). Auch in die Plattenfugen legt man jeweils einen Stahlstab, ehe man sie mit Mörtel füllt. Übrigens: Der Ringanker wird auch über den First geführt.

Nun geht es an die Dachdeckerarbeiten. Wenn der Dachraum später als Wohnraum genutzt werden soll, braucht man eine Zusatzdämmung. Zunächst kommen Kanthölzer hochkant auf die Dachplatten. Dabei muß man den Querschnitt der Kanthölzer passend zur Dämmstoffdicke wählen: Die Hölzer müssen mindestens vier Zentimeter höher sein als der Dämmstoff dick ist. Dieser Raum wird später für die Hinterlüftung gebraucht. Dicke der Dämmung bei Wärmeleitfähigkeitsgruppe 035: etwa fünf bis acht Zentimeter (Richtwert). Hinweis: Fragen Sie ihren Bauleiter oder Architekten, wie dick die Dämmung auf Ihrem Massivdach sein muß.

Zurück zur Kantholzmontage. Pro Meter sollten ein bis zwei Verbindungen zum Massivdach hergestellt werden. Dabei genügt es zur Arbeitserleichterung, jeweils nur jeden dritten Anschluß mit Schrauben und Dübeln auszuführen. Die anderen Verbindungen werden genagelt. Im Zweifel den Statiker fragen, wie in Ihrem Fall die Verbindungen ausgeführt werden müssen. Tip: Löcher vorbohren. Nicht nur die Schraubenlöcher, sondern auch die für die Nägel. Zwischen den Kanthölzern wird die Wärmedämmung verlegt. Die nächsten Handgriffe sind mit denen beim gewöhnlichen Holzdachstuhl vergleichbar: Über der Holzkonstruktion wird eine dampfdiffusionsoffene Unterspannbahn verlegt, die man mit Konterlatten befestigt. Darauf kommt die Querlattung. Dann bringt man die Regenrinne an und deckt das Dach (Seite 95). Mindestabstand von der leicht durchhängenden Unterspannbahn zur Wärmedämmung: zwei Zentimeter.

Wer sich für ein Massivdach entschieden hat, braucht auf Gauben nicht zu verzichten. Der Selbstbau-Partner sagt Ihnen, auf welche konstruktiven Details bei einer gemauerten Gaube zu achten ist. Seitlich werden Massivdachgauben entweder verputzt oder verkleidet (mit Schindeln oder Profil-Holz). Rationell sind Fertigteilgauben, die zerlegt angeliefert werden und die man zu zweit in einem halben Tag montieren kann: auch auf einem Massivdach. Die Gaube wird einfach über einer Dachflächenfensteröffnung aufgestellt.

Beim Massivdach wird der Dachüberstand zum Schluß verkleidet

Wenn das Massivdach gedeckt ist, muß man noch den Dachüberstand an Ortgang und Traufe verkleiden. Die Kanthölzer, zwischen denen die Dämmung liegt, hat man an der Traufe über die Fassade ragen lassen. Seitlich wird der Dachüberstand durch auskragende Dachlatten hergestellt. Zuerst befestigt man von unten an den Dachlatten ein Stirnbrett, an dem bereits eine weitere Latte befestigt wurde. An diesem Holzstück schraubt man später die Brettchen für den seitlichen Dachüberstand von unten an. Doch bevor es soweit ist, werden die Kanthölzer an der Traufe verschalt. Die lasierten Nut-und-Feder-Bretter ebenfalls von unten anbringen. Vorne wird ein Lüftungsgitter montiert, so daß ein Luftstrom entstehen kann, der eventuell anfallendes Kondensat (zwischen Dämmung und Unterspannbahn) über den First heraussträgt. Jetzt werden die Brettchen am Ortgang festgenagelt.

Wichtig: Bei allen Arbeiten am Dach die Unfallverhütungsvorschriften der Bau-Berufsgenossenschaft beachten.

Massivdach: Varianten

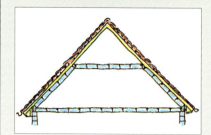

Das Massivdach wird oft mit Holz kombiniert. Wer den Wohnraum im Dachgeschoß nicht bis zum First haben möchte, sondern die übliche Raumhöhe bevorzugt, führt nur einen Teil der Dachschrägen als Massivdach aus: Der Rest ist dann eine gewöhnliche Fertigteildecke (Skizze oben). Dann wird über dem

Massivdach ein kleiner Dachstuhl errichtet, so daß man zusätzlich einen Spitzboden erhält, der zum Beispiel als Lagerraum nutzbar ist. Auch unterm Massivdach muß man auf eine Holzbalkenatmosphäre nicht verzichten: Bereits im Rohbau gehobelte Balken (unbehandelt) einbauen und das Massivdach später von unten mit Holz verkleiden.

Das Massivdach

Zwischen die Kanthölzer packt man Dämmplatten, falls unterm Dach Wohnräume geplant sind.

Sobald über der Grundkonstruktion Unterspannbahn und Lattung verlegt sind, kann man das ...

... Massivdach nicht mehr von einem gewöhnlichen Dachgebälk unterscheiden.

Lattung und Regenrinne werden genau wie beim traditionellen Dach verlegt.

Blick durch die Dämmung: Der Rohrdurchgang der Innenentwässerung im Ringanker ist erkennbar.

Mit einem flexiblen Rohr wird der Anschluß an den Dunstrohraufsatz hergestellt.

Schnitt: Das Stirnbrett mit angeschraubter Dachlatte gibt der Verschalung seitlichen Halt.

Mit Nut-und-Feder-Brettern wird der Dachüberstand an der Traufe verkleidet.

WissensWert

Massivdächer aus Ziegel-Elementen werden nicht immer von Giebel zu Giebel gespannt. Bei der sogenannten Sparrenverlegung verlaufen die Fertigteile von unten nach oben. Dabei müssen

Stützen gestellt werden. Hinweis: Die Öffnungen von Dachflächenfenstern sind in den Ziegel-Massivdächern bereits vorgesehen, so daß man keine Stahlteile als Hilfsrahmen einbauen muß. Die Dacheindeckung erfolgt aber wie beim Porenbeton-Massivdach.

Ein Lüftungsgitter wird von vorne am Dachüberstand angebracht.

Zum Schluß befestigt man die Holzbrettchen der Ortgangverschalung von unten.

Braucht man einen Doppelzug, oder ist ein „Schlot" genug?

Ob der Schornstein einzügig oder zweizügig ist, hängt von der Anzahl der Feuerstätten ab. Für einen gewöhnlichen Heizkessel genügt ein einzügiger Schornstein. Ist zusätzlich ein Kamin gewünscht, braucht man ein weiteres Abgasrohr.

Der Heizungshersteller berechnet nicht nur den Wärmebedarf des Hauses, sondern er dimensioniert auch die Abmessungen der Abgasrohre. Er sagt weiterhin, ob Sie einen Heizraum-Entlüftungsstrang zusätzlich zu den Abgasleitungen benötigen, und er informiert Sie darüber, welches Material Sie wählen müssen. Hinweis: Im Neubau-Bereich hat sich ein Schornsteinaufbau aus Mantelstein, Wärmedämmung mit Hinterlüftung und Schamotte-Innenrohr bewährt. Verfolgen Sie nun den Bau eines solchen Isolierschornsteins (System „Schiedel"), der komplett als Bausatz angeliefert wird.

Auf der Bodenplatte errichtet man zunächst einen Sockel. Seine Höhe beträgt 10 bis 30 Zentimeter. Weil dadurch der Schornstein oberhalb der Bodenplattenebene beginnt, kann man später die Wartungsarbeiten recht bequem durchführen. Der Sockel wird entweder massiv betoniert, oder man entscheidet sich für das Schnellbau-Fundament: Das ist ein gewöhnlicher Mantelstein mit innenliegenden Fundamenteinsätzen. Wichtig: In die Mörtelschicht, auf der man die Fundamentsteine ausrichtet, legt man eine Lage Dachpappe. So kann keine Feuchtigkeit in den Schornstein aufsteigen. Für den Schornsteinbau nimmt man Kalkzementmörtel der Mörtelgruppe II. Siehe „Merkblatt Mauerwerk (II)" auf Seite 123.

Wichtig: Der Schornstein darf keine feste Verbindung zur Wand haben. Abstand einhalten (etwa zwei Zentimeter).

Die Mörtelschablone garantiert einen gleichmäßigen Mörtelauftrag

Sobald der Sockel gebaut ist, geht's weiter: In den zweiten Mantelstein wird mit der Trennscheibe für jeden Schornsteinzug eine Öffnung zur Hinterlüftung der Wärmedämmung geschnitten. Diese Arbeit sollten Sie im Freien durchführen (Sicherheitsbrille und Staubmaske tragen). Übrigens: Eine mitgelieferte Schablone gibt genau die Größe der Lüftungsöffnung vor. Weiterhin ist im Schornsteinbausatz für jeden Rauchrohrdurchmesser auch eine passende Mörtelschablone enthalten. So wird garantiert, daß zwischen allen Mantelsteinen der Mörtel in immer derselben Dicke aufgetragen wird. Achtung: Die Hinterlüftungszellen der Mantelsteine nicht mit Mörtel füllen.

Jetzt kommt der Mantelstein mit den herausgeschnittenen Lüftungsöffnungen auf den Sockel. Mit der Wasserwaage ausrichten. Danach beginnt der Bau des Innenrohrs: den Schamotte-Sockelstein auf einem Mörtelbatzen ausrichten. Dieses Bauteil ist übrigens so ausgebildet, daß anfallendes Tauwasser aufgefangen und abgeleitet werden kann.

Nun biegt man die erste Dämmplatte und kleidet damit den Mantelstein von innen aus. Dabei muß man den herausstehenden Teil der Dämmplatte auf Mantelsteinhöhe abschneiden.

Hinweis: Die Dämmplatten sind trapezförmig geschlitzt, so daß sie sich sehr einfach biegen lassen. Beim Einbau müssen die Schlitze nach innen (zum Schamotte-

Der Schornsteinbau

Der Schornstein wird als kompletter Bausatz zur Baustelle geliefert.

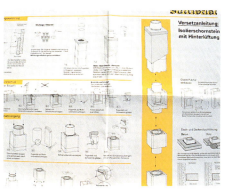

Bevor man mit dem Aufbau beginnt, studiert man die detaillierte Versetzanleitung.

Dann geht's los: Auf der Bodenplatte verteilt man eine Lage Kalkzementmörtel der Mörtelgruppe II.

Dachpappe, die in die Mörtelschicht gebettet wird, verhindert ein Aufsteigen von Feuchtigkeit.

Nun bringt man die zweite Mörtelschicht vollflächig auf.

Der erste Mantelstein wird in Position gebracht. Bei zweizügigen Schornsteinen zu zweit arbeiten.

Anschließend die Fundamenteinsätze in die Mantelsteinöffnungen schieben …

… und mit Gummihammer und Wasserwaage ausrichten. Der Sockel ist jetzt fertiggestellt.

Jeder Schornsteinzug braucht eine Lüftungsöffnung. Mit der Trennscheibe ausschneiden.

Eine Mörtelschablone garantiert einen gleichmäßigen Mörtelauftrag.

Auch der zweite (bearbeitete) Mantelstein wird mit Gummihammer und Wasserwaage justiert.

Nun wird auf einem Mörtelbatzen der Sockelstein des Schamotte-Innenrohrs gesetzt.

Die erste Dämmplatte schneidet man auf Mantelsteinhöhe ab. Wichtig: Die Stöße der Dämmplatten dürfen nicht im Bereich der Hinterlüftungszellen liegen.

Der Tauwasserablauf des Schamotte-Sockelsteins ist verschlossen. Dort kann später ein Spezialgefäß angeschlossen werden, mit dem man das säurehaltige Kondensat neutralisiert.

Weiter geht der Schornsteinbau: Auf den nächsten Mantelstein zeichnet man mit Hilfe einer Papp-Schablone, die im Bausatz enthalten ist, die Öffnung für die Reinigungstür.

Vor dem Ausschneiden der Öffnung für die Reinigungstür muß sichergestellt sein, daß man später auch ungehinderten Zugang zu diesem Wartungsbereich findet.

Der zugeschnittene Mantelstein wurde ausgerichtet. Die Dämmschicht wird nun so zugeschnitten, daß der komplette vordere Bereich für den Anschluß der Putztür frei bleibt.

Bevor man den Putztür-Anschluß setzt, wird der Mörtel für den nächsten Mantelstein aufgetragen. Ist das Formteil eingeschoben, kann man die Mörtelschablone nicht mehr auflegen.

rohr) zeigen. Die Stöße der Dämmplatten dürfen dabei nicht im Bereich der Lüftungszellen liegen.

In den nächsten Mantelstein schneiden Sie die Öffnung für die Reinigungstür. Achten Sie bitte darauf, daß die Tür (bei zweizügigen Schornsteinen beide Türen) später auch wirklich zugänglich ist und nicht vom Heizkessel oder von Rohrleitungen versperrt wird.

Der Stein mit Öffnung sitzt. Jetzt können die Dämmung und das Schamotte-Formstück eingebaut werden. Die Verbindung der Schamotterohre untereinander erfolgt mit speziellem Fugenkitt. Die Fuge darf nicht dicker als sieben Millimeter sein. Man stellt das neu einzubauende Rohrstück auf den Kopf und trägt den Kitt auf. Danach wird das Rohr umgedreht und vorsichtig durch die ausgekleidete Öffnung geschoben. Dabei muß der äußere, umlaufend hochstehende Rand der Schamotterohr-Verfalzung nach oben zeigen. So kann später kein Wassertropfen (Tauwasser, Regenwasser) in die Schornsteinkonstruktion fließen. Achtung: Bevor Sie den Putztür-Anschluß setzen, müssen Sie schon den Mörtel für den nächsten Mantelstein auftragen. Ist das Formteil nämlich eingeschoben, können Sie die Mörtelschablone nicht mehr auflegen. Auf die frische Mörtelschicht kommt direkt im Anschluß der nächste, unbearbeitete Mantelstein. Dann die Dämmplatte einschieben. Hinweis: Halten Sie sich beim Anrühren des Fugenkitts genau an die Dosierungsvorgaben. Es genügt sehr wenig Wasser. Anfangs scheint es, als hätte man nur trockene Krümel im Anmachgefäß. Das Wasser ist schnell „aufgesaugt". Doch nach ausdauerndem Mischen (fünf Minuten) entsteht ein homogener Kitt. Und: Rühren Sie nur kleine Mengen an.

Den ersten Schornsteinmeter gibt es auch als Fertigfuß

Man kann den ersten Schornsteinmeter auch als Fertigfuß kaufen und sich auf diese Weise den recht mühevollen Einbau von Putztür und Lüftungsgitter ersparen. Allerdings wiegt so ein Fuß beim zweizügigen Schornstein deutlich über 200 Kilogramm. Lediglich der einzügige Fuß ist mit seinen knapp über 100 Kilo Gewicht gerade noch von zwei Männern zu bewegen. Ökologischer Vorteil des Fertigfußes: Er wird mit einem integrierten

Der Schornsteinbau

Halten Sie sich beim Anrühren des Fugenkitts für die Schamotterohre genau an die Hersteller-Angaben. Es genügt sehr wenig Wasser. Anfangs scheint es, als hätte man nur trockene Krümel …

… im Anmachgefäß. Das Wasser ist sehr schnell „aufgesaugt". Doch nach ausdauerndem Mischen (rund fünf Minuten) entsteht ein homogener Kitt, der sich sehr gut verarbeiten läßt.

Nun wird das Formteil für die Reinigungstür vorbereitet. Dazu legt man es auf eine gepolsterte Unterlage. Damit der Fugenkitt besser haftet, wird der untere Falz leicht angefeuchtet.

Mit der kleinen Kelle verteilt man nun den Fugenkitt. Achten Sie bitte darauf, daß die Fugendicke nicht breiter als sieben Millimeter wird. Wichtig: Fugenkitt immer unten am Rohr auftragen.

Nun schiebt man das Schamotte-Formstück in den gedämmten Mantelstein. Dabei darf man nicht die bereits aufgetragene Mörtelschicht für den nächsten Stein beschädigen.

WissensWert

Die Entwicklung geht weiter: Die neue Schornsteingeneration (System „Schiedel Vario") besteht aus Keramikrohren, die für alle Heizungssysteme eingesetzt werden können. Besonders ge-

eignet sind sie für Brennwert- und Niedertemperaturtechnik. Der Aufbau erfolgt weitgehend wie beim Isolierschornstein. Einige Verbesserungen wurden jedoch eingeführt: Die Mantelsteine (inzwischen 30 Prozent leichter) setzt man nun in Dünnbettmörtel, man nimmt Fugenmasse aus der Kartusche anstatt Fugenkitt und die Kopfabdeckung wird als Leichtbauteil geliefert.

Sorgfältiges Arbeiten ist auch beim Setzen des Mantelsteins erforderlich. Diesmal muß man aufpassen, daß das überstehende Schamotterohr nicht verrutscht.

Der Einbau des Rauchrohranschlusses erfolgt nach demselben Muster: Öffnung im Mantelstein herstellen, Mörtel und Fugenkitt auftragen, Formteil ausrichten, Mantelstein setzen.

Der erste Meter als Fertigfuß. Der Zeitersparnis steht ein hohes Bauteilgewicht gegenüber.

Standardversetz-Vorgang, erster Schritt: Der Mantelstein wird ausgerichtet.

Nun wird an der Unterseite des Schamotterohrs der Fugenkitt aufgetragen. Dann das Rohr ...

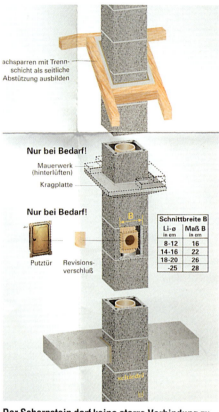

Der Schornstein darf keine starre Verbindung zu anderen Bauteilen (zum Beispiel Decke) haben.

Danach bringt man die Dämmplatten ein. Stöße nicht im Bereich der Lüftungszellen anordnen.

... umdrehen und einschieben. Zum Schluß die Fuge von innen mit einem Schwamm glätten.

„Neutro-Set" geliefert. In dieser Kammer wird anfallendes Tauwasser gesammelt. Ein Granulat neutralisiert alle im Wasser enthaltenen Säuren, die bei der Verbrennung entstehen.

Befragen Sie Ihren Heizungslieferanten oder den zuständigen Schornsteinfeger, in welcher Höhe die Öffnung für den Rauchrohranschluß des Heizkessels angeordnet werden muß. Die Öffnung dafür wird ebenfalls mit der Trennscheibe in den entsprechenden Mantelstein geschnitten. Ist ein offener Kamin (zum Beispiel im Erdgeschoß) vorgesehen, muß das dazugehörige Schornsteinrohr bis zum Kamin hochgeführt werden, ehe dort der Abgasanschluß eingebaut wird.

Nach dem Setzen des Mantelsteins die Dämmung einlegen und danach das Schamotte-Formteil mit Kitt versetzen. Auch hier gilt wieder: Vor dem Setzen des Formteils bereits den Mörtel für den nächsten Mantelstein auftragen.

Standard-Versetzvorgang: erst der Stein, dann Dämmung und Rohr

Ab jetzt geht's mit dem sogenannten Standard-Versetzvorgang weiter. Man beginnt immer mit einem Mantelstein, der exakt mit Gummihammer und Wasserwaage im Mörtel ausgerichtet wird. Wichtig: den Wandabstand einhalten!

Als nächstes werden die Dämmplatten nach innen gebogen und in den Mantelstein eingeschoben. Achten Sie bitte wieder darauf, daß die Stöße der Dämmplatten nicht im Bereich der Hinterlüftungszellen liegen. Später sorgt die Dämmung dafür, daß die Abgase nicht zu schnell abkühlen. Sie wissen: Warme Luft zieht besser nach oben als kalte. Der dritte Schritt beim Standard-Versetzvorgang ist das Einschieben des Schamotterohrs. Das Rohrstück wird zunächst auf den Kopf gestellt und der Falz mit Fugenkitt bestrichen. Nach dem Einschieben die Fuge von innen mit einem nassen Schwamm glätten.

Hinweis: Eine besondere Eigenschaft des Schornsteins ist, daß ständige Temperaturänderungen große Materialdehnungen verursachen. Deshalb dürfen keine anderen Bauteile mit dem Schornstein starr verbunden werden. Gerade bei Decken muß der Anschluß elastisch bleiben: den Ringankerbeton nicht bis an den Mantelstein fließen lassen! Planen Sie rund um die Deckendurchgänge einen mindestens

Der Schornsteinbau

Die Schornsteinmündungen können variieren. In unserem Beispiel wird ein Ringstein gesetzt, …

… bevor das Abströmrohr den Abschluß des Schornsteins bildet.

zwei bis drei Zentimeter breiten Spalt ein. Diesen Schlitz mit Mineralwolle oder mit einem anderen nicht brennbaren Dämmstoff fest ausstopfen.

Jetzt sind Sie oben angekommen. Die Ausführung der Schornsteinmündung kann abhängig vom Fabrikat variieren. In unserem Beispiel wurde zunächst ein Ringstein auf das oberste Schamotterohr gesetzt. Darüber kam, gewissermaßen als oberer Abschluß des Schornsteins, ein Abströmrohr. Die Verbindung ebenfalls mit Fugenkitt herstellen. Wenn Sie diese Arbeit sorgfältig ausführen, wird anfallendes Tauwasser immer zuverlässig abgeleitet.

Variantenreich: Der Bau der Schornsteinkopfabdeckung

Wenn das Beton-Fertigteil des Schornsteinkopfs zu schwer ist, wird vor Ort betoniert.

Manche Schornsteinsysteme werden mit einer leichten Abdeckung gekrönt.

Am Schornsteinkopf wird häufig ein Beton-Fertigteil eingebaut. Selbstbauer ohne Kran haben jedoch die Schwierigkeit, das Teil aufs Dach zu wuchten. Da hilft nur eines: Schornsteinkopf schalen und die Abdeckung eimerweise aus Beton bauen. Dabei zieht man die Plattenoberfläche mit leichtem Gefälle nach außen ab. Manche Schornsteinsysteme werden mit einer leichten Fertigteilabdeckung gekrönt, die man auch alleine bewegen kann. Das ist natürlich extrem selbstbaufreundlich.

Die Verkleidung des Schornsteinkopfs wird als Leichtbaukonstruktion entweder an die Kopfplatte gehängt oder an einer Unterkonstruktion aus Holz befestigt. Der Schornsteinfeger sagt, wie dick die Dämmung zwischen Schornsteinkopf und Verkleidung sein muß. Achtung: In die Mantelsteine keine Löcher bohren. Alternativ gibt es die Schornsteinkopfverkleidung auch als Fertigteil (Stülpkopf). Tip: Stülpkopf anbieten lassen und mit den Preisen der Materialpositionen für die selbstgebaute Verkleidung vergleichen.

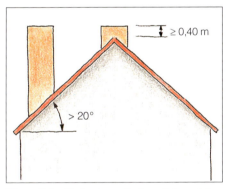

Wie groß der Abstand vom Dach zur Schornsteinmündung sein muß, sagt der Schornsteinfeger.

Den richtigen Anschluß vom Schornstein ans Dach zeigt eine ausführliche Verlegeanleitung.

Hinweis: Die endgültige Höhe des Schornsteins über der Dachhaut müssen Sie rechtzeitig mit dem Schornsteinfeger besprechen. Beispiel: Schornsteinmündungen (Übergang vom Abströmrohr ins Freie) müssen bei Dachneigungen von mehr als 20 Grad mindestens 40 Zentimeter über der höchsten Kante (First) liegen.

Der Übergang zwischen Schornstein und Dachdeckung wird mit einer flexiblen Dichtungsbahn ausgeführt (zum Beispiel „Braas Wakaflex"). Eine Anleitung mit Tips zum fachgerechten Verlegen bekommt man vom Selbstbau-Partner.

Die selbstgebaute Schornsteinkopfverkleidung wird an die Kopfplatte gehängt.

Wer sich für einen fertigen Stülpkopf entscheidet, erspart sich viel Feinarbeit.

NACH 15 TAGEN STEHT DER BAU

Was wie ein Märchen klingt, ist die reine Wahrheit: 15 Tage Bauzeit für ein massiv gemauertes Haus mit Decken aus Beton. Sogar Dach und Schornstein sind inbegriffen. Solche Rekorde sind für Selbstbauer natürlich nicht zu erzielen. Zwar ist der Bau in eigener Regie nach wie vor die einzige Möglichkeit, die Baukosten sinnvoll zu drücken, doch wer zeitlich das optimale Ergebnis anvisiert, der läßt bauen. Allerdings sollte er sich dann vom traditionellen „Stein auf Stein" verabschieden. Denn mit den sogenannten Großblock-Elementen hat sich inzwischen eine Technik durchgesetzt, der die Zukunft im gewerblichen Bau gehören dürfte. Warum sollte ein Bauherr auf die Fertigstellung seines Hauses länger warten als notwendig? Die Formel für den erfolgreichen Rohbau ist somit gefunden: Selbstbauer machen sich das Leben leicht, wenn Sie sich für Porenbeton, Schalungssteine oder Planziegel entscheiden. Sie müssen jedoch rund 1000 Arbeitsstunden veranschlagen. Das entspricht mindestens 100 Bautagen. Wer den Rohbau von einer Firma errichten lassen möchte, zieht den größten Nutzen aus der zeitsparenden Großblock-Bauweise.

Großblock: Wenn Selbstbau nicht in Frage kommt

Sie heißen Modulblock, Jumbo, Planelement oder Systemblock: Die großformatigen Porenbeton-Elemente bringen zwar keine nennenswerte Kostenersparnis am Bauwerk, dafür aber eine enorme Reduzierung der Bauzeit.

Selbstbauer profitieren von einem leicht zu verarbeitenden Baustoff in doppelter Hinsicht: Sie sparen Geld und Zeit. Die Zeitersparnis führt dann aber noch zu einem weiteren finanziellen Vorteil: Durch den früheren Einzug ins eigene Haus entfallen einige Monatsmieten. Dasselbe gilt natürlich auch für Bauherren, die eine Baukolonne anrücken lassen. Schneller bauen heißt Miete sparen. Doch mit welchem der zeitsparenden Großblock-Elemente erzielt man das beste Ergebnis? Bevor man eine Entscheidung trifft, sollte man sich darüber im klaren sein, daß die Planungsfreiheit abnimmt, je größer die Bausteine sind. Allerdings ist der Zeitgewinn mit den größten Elementen auch am deutlichsten. Tip: Bereits in der Planungsphase mit den Systemanbietern die Wunschvorstellungen vom eigenen Haus besprechen. Dann ist es gar nicht mehr so schwierig, das richtige Format zu finden. An dieser Stelle nun in Kurzform die Charakterisierung der wichtigsten Großblock-Elemente aus Porenbeton.

○ Geschoßhohe Bauteile. Format-Beispiel: 0,60 mal 2,60 Meter. Einsatzbereiche: Reihen- und Doppelhäuser. Durch eine klar strukturierte Architektur und durch die Errichtung mehrerer Häuser an einem Ort reduzieren sich die Kosten der Detailplanung und der Baustelleneinrichtung. Hinweis: Winkel-, Giebel- und Brüstungs-Elemente lassen innerhalb des Planungsrasters interessante Grundrißvarianten zu.

○ Liegende Großblock-Elemente. Format-Beispiel: 3,00 mal 0,625 Meter. Einsatzbereiche: Reihen- und Doppelhäuser, freistehende Wohnhäuser. Bezüglich der Planung ist man freier als mit geschoßhohen Bauteilen, da man sich recht leicht vom vorgegebenen Raster lösen kann. Detail-Lösungen werden mit Standard-Planblöcken von Hand ausgeführt.

○ Modulblock: Der Kleine unter den Großen. Format-Beispiel: 0,60 mal 0,60 Meter. Einsatzbereiche: Reihen- und Doppelhäuser, freistehende Einfamilienhäuser, mehrgeschossiger Wohnungsbau. Bei großen Wandflächen können zwei Blöcke auf einmal vom Kran gesetzt werden. Das spart Zeit. Für einen reibungslosen Bauablauf ist auch beim Modulblock eine Detailplanung für jede Wand notwendig.

Die Innenwände werden bei allen Großblock-Systemen fast immer mit Mauerankern ans Außenmauerwerk angeschlossen (Stumpfstoßtechnik). Übrigens: Bauherren, die auf einen massiven Keller ein Fertighaus stellen möchten, können ebenfalls von der Großblock-Technik profitieren, wenn sie auf Eigenleistung verzichten wollen.

Zum Schluß die Kosten: Wenn Fachleute einen Rohbau aus Großblock-Elementen (inklusive Fundamentierung, Decken und Dach) hochziehen, muß man rund 60 Prozent (grober Richtwert) mehr bezahlen als ein Bauherr, der selbst zur Kelle greift. Hinweis: Für einen genauen Kostenvergleich braucht man klare Vorstellungen vom geplanten Haus, das man sich von verschiedenen Anbietern als fertig erstellten Rohbau und als Bausatz kalkulieren läßt.

Systeme für den Wohnhausbau

Mit geschoßhohen Großblöcken errichtet man hauptsächlich Reihen- und Doppelhäuser. Sonderformate ermöglichen architektonische Freiheiten innerhalb des Planungsrasters.

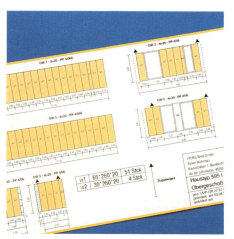

In detaillierten Plänen ist jedes Wand-Element eingezeichnet. Diese Genauigkeit ist die wichtigste Voraussetzung für einen reibungslosen Baufortschritt.

Drei Facharbeiter benötigten für diese Reihenhausanlage nur dreieinhalb Wochen vom Erdaushub bis zum Dach. Hier wurden die geschoßhohen Elemente optimal eingesetzt.

Auf einer gemauerten Ausgleichsschicht (10 bis 20 Zentimeter hoch) plaziert man die Großblöcke liegend. Vorteil dieser Bautechnik: Man ist an kein Planungsraster gebunden.

Formstücke, wie zum Beispiel die Elemente für diese schrägen Giebelwände, werden an einer großen Bandsäge vor Ort zugeschnitten und dann mit dem Kran gesetzt.

Wer rationell baut, sollte die Bauphysik nicht vergessen. Auch für Häuser in Großblock-Bauweise gilt, daß ein Massivdach Vorteile in Bezug auf Brand-, Schall- und Wärmeschutz bringt.

Doppelpack: Mit den relativ „kleinen" Blöcken hat man die größte planerische Freiheit. Für große Flächen nimmt man einfach zwei Blöcke auf einmal und spart Zeit.

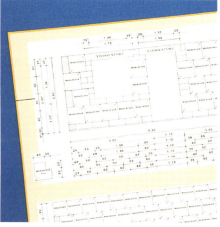

Die „Wandabwicklung" gibt ganz genau an, wo ein Modulblock und wo normale Plansteine als Ergänzung eingebaut werden. Auch die Auflager für Tür- und Fensterstürze sind erkennbar.

Nicht nur beim Bau von Einfamilienhäusern, sondern auch im mehrgeschossigen Wohnungsbau kommen die Modulblöcke zum Einsatz. Verblüffend ist in beiden Fällen der schnelle Baufortschritt.

Aus dem Bautagebuch der Familie Eckermann

Wer im Herbst mit dem Bauen beginnt, sollte damit rechnen, daß im Winter eine Zwangspause eingelegt werden muß. Und die kann auch in sonst eher milden Regionen bis zu zwei Monate dauern. Diese Überlegung stellte die Baufamilie Eckermann an, deren Baugenehmigung Ende September erteilt wurde.

Die Eckermanns wohnten in einem maroden Altbau. Das neue Haus sollte direkt nebenan im eigenen Garten entstehen. Eigentlich die beste Voraussetzung für den Selbstbau. Die Eckermanns zahlten keine Miete, man hätte sich also ruhig Zeit lassen können. Doch schon recht früh konnte Bauherr Peter Eckermann abschätzen, daß sein Bau im Herbst beginnen würde. Bis zum nächsten Frühjahr wollte er nicht mehr warten. Es sollte schnellgehen. Das Problem: Wie kann eine eventuelle Zwangspause wegen schlechten Winterwetters vermieden werden? Ein örtliches Bauunternehmen konnte keine Garantie geben, daß der Rohbau noch vor dem Winter unter Dach sein würde. Der Kundenberater einer anderen Firma, die Häuser aus Planelementen erstellt, versprach, daß es nur vier Wochen vom Fundament bis zum Dach dauern würde. Das konnten die Eckermanns anfangs zwar nicht glauben, doch nachdem alle Einzelheiten besprochen waren, unterschrieben sie schließlich den Vertrag.

Der Erdaushub war für Ende Oktober terminiert, der Rohbau sollte also Ende November stehen. Wenn Peter Eckermann dann sofort mit dem Innenausbau beginnen würde, könnte er (eigenen Schätzungen zufolge) ein halbes Jahr später bereits einziehen und das alte Haus abreißen lassen. Hat dann wirklich alles so reibungslos funktioniert? Das Bautagebuch der Eckermanns gibt Auskunft:

Am 21. Oktober kam der Bagger für den Erdaushub. Das Legen der Entwässerung und das Betonieren der Fundamente dauerte bis zum 30. Oktober. Am darauffolgenden Montag begannen die Maurerarbeiten für den Keller, die bereits am Dienstag abend beendet waren. Ungläubig betrachteten die Nachbarn, was da bei Eckermanns passierte. Auch die Baufamilie war überrascht, obwohl sie ja den Zeitplan kannte. Am dritten Tag wurden die Halbfertigteile der Kellerdecke verlegt und die Schalung für die Treppe gezimmert. Donnerstag früh betonierten dann die flinken Facharbeiter im strömenden Regen die Decke.

Jeder hätte verstehen können, wenn der Bautrupp jetzt eine Erholungspause einlegen würde. Der Keller war fertig und schlechtes Wetter zerstörte jede Motivation zum Weiterbauen. Nicht so bei Eckermanns. Kaum hatte der Regen etwas nachgelassen, wurde die Abdichtung der Kelleraußenwände vorbereitet. Der Bauherr war begeistert. Doch ans Wochenende wollte niemand denken. Schließlich hatte man ja noch einen Arbeitstag. So wuchs der Rohbau innerhalb von fünf Tagen vom ersten Kellerstein bis weit ins Erdgeschoß.

Dann schien sich das Blatt zu wenden: Dauerregen verzögerte den Weiterbau. Dennoch war am Ende der zweiten Rohbauwoche auch das zweite Geschoß fertiggestellt. Höchste Zeit für die herzliche Grundsteinlegung, die traditionell zum Lieferumfang des Systemanbieters gehört. Peter Eckermann ließ es sich bei der Feier nicht nehmen, gleichermaßen verwundert wie erfreut den grenzenlosen Tatendrang seiner Mannschaft zu loben.

Schon nach den Dachdeckerarbeiten stand für den Bauherrn fest: Gegenüber dem Selbstbau hatte er, eine Winterpause eingerechnet, mindestens sechs Monate gespart. Und mit einem Bauunternehmer, der den Rohbau herkömmlich gemauert hätte, wäre dieser Zeitvorsprung niemals so deutlich ausgefallen, war sich Peter Eckermann sicher.

Nachtrag: Kurz vor Weihnachten kam der Winter. Eine geschlossene Schneedecke und Dauerfrost bis Ende Januar legten jeden Rohbau lahm. Bei Eckermanns jedoch lief der Innenausbau bereits auf vollen Touren.

So war's bei Familie Eckermann

21. Oktober: Die Baugrube ist ausgehoben, der Standplatz für den Mobilkran ist geschottert.

24. Oktober: Das seitliche Streifenfundament ist aufgemauert und abgedichtet.

28. Oktober: Bauherr und Bauleiter besprechen vor Ort den Zeitplan für die Baukolonne.

30. Oktober: Die Bodenplatte ist betoniert, die Baustelle ist eingerichtet.

4. November, der 1. Tag fürs Rohbauteam: Um 11.00 Uhr ist die Ausgleichsschicht gelegt.

Auf die Ausgleichsschicht wird eine Dichtungsschlämme aufgetragen.

Die Porenbeton-Großblöcke wurden vom Lkw direkt auf die Bodenplatte gesetzt.

11.30 Uhr: Auf die bereits getrocknete Dichtungsschlämme wird Dünnbettmörtel aufgezogen.

Mit dem Kran plazieren die Bauarbeiter den ersten Großblock.

Einen halben Tag dauerten die Vorbereitungen. Jetzt wird „gemauert". Mörtel aufziehen ...

... und den nächsten Großblock mit dem Kran setzen. Man beginnt immer in den Ecken.

Auch die Großblöcke werden mit dem Gummihammer ausgerichtet.

Der Rohbau aus Großblock-Elementen

4. November, immer noch der 1. Arbeitstag, es ist 13.00 Uhr: Die Kellerwände wachsen.

Abgewinkelte Maueranker zeigen: Hier werden später die Innenwände eingebunden.

Und schon wieder wird ein Großblock ins Mörtelbett gesetzt.

14.00 Uhr: Bereits am ersten Tag werden auch die Ausgleichssteine der Innenwände plaziert.

Sobald die Innenwände angelegt sind, wird auch dort eine Dichtungsschlämme aufgetragen.

Paßstücke werden mit einer großen Bandsäge vor Ort zugeschnitten.

Mit dem Kran baut man auch das kleine Element kräfteschonend ein.

5. November, 2. Arbeitstag, 14.00 Uhr: Die Außenmauern des Kellergeschosses stehen.

Zwei Stunden später sind die Maurerarbeiten im Keller komplett abgeschlossen.

Während die letzten Steine gesetzt werden, errichtet ein Arbeiter bereits die Treppenschalung.

So war's bei Familie Eckermann

6. November, 3. Arbeitstag: Am Vormittag werden die Treppenschalung und der Unterbau ...

... für die Decke gezimmert. Am Nachmittag steht das Verlegen der Fertigteile an.

7. November, 4. Arbeitstag: Im strömenden Regen wurde die Kellerdecke betoniert.

11. November, 6. Arbeitstag, 12.00 Uhr: Das Erdgeschoß-Außenmauerwerk ist an drei ...

... Seiten hochgezogen. Die Rolladenkästen werden gesetzt und der Deckenrand abgemauert.

14. November, 8. Arbeitstag: Nach einem Tag Dauerregen liegt jetzt die Erdgeschoßdecke.

Gratulation und Grundsteinlegung: Die Eckermanns und ihr Bauteam.

21. November, 12. Arbeitstag: Die Massivdachplatten sind gelegt.

Materialanlieferung nach Baufortschritt. Eine genaue Zeitplanung ist die Voraussetzung, daß ...

... keine Verzögerungen eintreten. Am 13. Arbeitstag steht der Schornstein.

29. November, 14. Arbeitstag: Nach vier Tagen Schauerwetter wird der Dachstuhl aufgestellt.

2. Dezember, 15. Arbeitstag: Das Dach ist dicht. Seit dem Erdaushub sind fünf Wochen vergangen.

Merkblatt Stahlbeton (I)

Beim Stahlbeton übernimmt der Stahl die Zugkräfte

Beton wird aus den drei Komponenten Zement (Bindemittel), Gesteinszuschlag unterschiedlicher Korngrößen und Wasser hergestellt. Stahlbeton ist ein Verbundbaustoff, bei dem der Beton die Druckkräfte und der Stahl die Zugkräfte übernimmt. Die Norm für Bauteile aus Beton und Stahlbeton ist die DIN 1045.

Auch ordnungsgemäß gelagerter Zement ist nur begrenzt haltbar

Für Selbstbauer ist es wichtig zu wissen, daß es mehrere Zementarten gibt. Entsprechend der DIN 1164 (Neufassung von 1994) sind für die Herstellung von tragenden und aussteifenden Bauteilen folgende Zemente zugelassen:
❍ Portlandzement (Bezeichnung neu: CEM I; Bezeichnung alt: PZ).
❍ Portlandhüttenzement (CEM II/A-S, CEM II/B-S; EPZ: Eisenportlandzement).
❍ Portlandpuzzolanzement (CEM II/A-P, CEM II/B-P; TrZ: Traßzement).
❍ Portlandflugaschezement (CEM II/A-V; FAZ: Flugaschezement).
❍ Portlandölschieferzement (CEM II/A-T, CEM II/B-T; PÖZ).
❍ Portlandkalksteinzement (CEM II/A-L; PKZ).
❍ Portlandflugaschehüttenzement (CEM II/B-SV; FAHZ: Flugaschehüttenzement).
❍ Hochofenzement (CEM III/A, CEM III/B; HOZ).

„Üblich erhärtende" Zemente der Festigkeitsklassen 32,5 und 42,5 sind am schwarzen Sackaufdruck zu erkennen. Ein roter Aufdruck mit Zusatz „R" (rapid) kennzeichnet „schnell erhärtende Zemente": Die nimmt man für Bauteile, die schnell ausgeschalt werden sollen. Beispiel: CEM I 32,5 R. Portlandzement mit einer Druckfestigkeit nach 28 Tagen von mindestens 32,5 MN/m² (Mega-Newton pro Quadratmeter) und hoher Anfangsfestigkeit.
Achtung: Den Zementvorrat vor Feuchtigkeit schützen. Aber auch fachgerecht gelagerter Zement ist nur begrenzt haltbar. Man sollte sich nur so viel anliefern lassen, wie in etwa vier Wochen verbraucht werden kann. Zement mit Klumpen, die sich nicht mehr in der Hand zerdrücken lassen, ist unbrauchbar. Und: Beim Zementkauf mit dem Pkw das Auto nicht überladen.

Die größten Kieselsteine der Betonmischung müssen zwischen Stahl und Schalung passen.

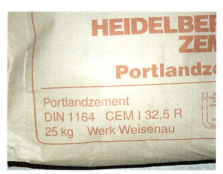

Ein roter Sackaufdruck und der Zusatz „R" kennzeichnen schnell erhärtende Zemente.

Die Zuschlagkörnung muß zwischen Stahl und Schalung passen

Zuschlagstoffe kann man beim Baustoffhändler in Form fertiggemischter Korngruppen (Korngrößen in mm von/bis: 0/4, 0/8, 0/16, 0/32) bestellen, die nur noch mit Zement und Wasser angemacht werden. Dabei ist das Größtkorn so zu wählen, wie Mischen, Fördern, Einbringen und Verarbeiten des Betons dies zulassen. Das Größtkorn darf ein Drittel (besser ein Fünftel) der kleinsten Bauteilmaße nicht überschreiten. Der überwiegende Teil des Zuschlags muß problemlos zwischen die einzelnen Bewehrungsstäbe und zwischen die Stahlbewehrung und die Schalung passen.

Der Wasserzementwert: Viel Wasser schwächt den Beton

Die Betonfestigkeit ist auch vom sogenannten Wasserzementwert abhängig. Je höher dieser Wert ist, um so schwächer wird später der Beton. Als Anhaltspunkt kann ein Wasserzementwert von 0,60 angesetzt werden. Das bedeutet für einen Beton mittlerer Festigkeitsklasse, „B 25" (Konsistenz „K R weich";

So viel Wasser der Mischung zugeben, daß man die Kieselsteine gerade noch trommeln hört.

Die DIN 1164 (Fassung 1994) nennt alle Zemente, die für tragende Bauteile zugelassen sind.

Größtkorn 32 Millimeter): Beim Mindestzementgehalt von 310 Kilogramm wird 0,6 mal 310 Kilogramm Wasser benötigt. Also 186 Liter je Kubikmeter verdichteten Betons. Hat das Größtkorn des Zuschlags nur einen Durchmesser von 16 Millimeter, so muß die Zementmenge um zehn Prozent vergrößert werden: bei acht Millimeter um 20 Prozent. Zum Betonieren nur sauberes Wasser verwenden.

Die Bewehrung von Schmutz, Fett, Eis und losem Rost befreien

Betonstahl bezeichnet man als Bewehrung. Damit der Stahl auf lange Sicht hin nicht korrodiert, muß eine Mindestbetondeckung (Betonschicht zwischen Stahl und äußerer Bauteilbegrenzung) gewährleistet sein. Bei Bauteilen in geschlossenen Räumen etwa zwei Zentimeter, im Außenbereich rund 3,5 Zentimeter (Richtwerte).
Wichtige Grundregeln für den Einbau von Stahleinlagen: Stahl von Schmutz, Fett, Eis und losem Rost befreien. Eine Braunfärbung des Stahls durch leichtes Anrosten stört nicht. Stahl entsprechend Plan verlegen und zu einem steifen Ge-

Merkblatt Stahlbeton (II)

Den Beton von Stürzen und kleineren Bauteilen verdichtet man mit der Kelle.

Große Bauteile wie Bodenplatte und Betondecken verdichtet man mit dem Flaschenrüttler.

Nur kleine Betonmengen (bis etwa drei Kubikmeter) rührt man in eigener Regie an.

Wird viel Beton gebraucht, ist die Anlieferung mit einem Betonmischerfahrzeug günstiger.

Beton muß nach dem Einbau verdichtet werden

Der Beton muß, sobald er in Transportgefäße oder auf ein Förderband geschüttet ist, möglichst schnell an den Einbauort gebracht und dort verarbeitet werden. Vorher sollte man jedoch Schalung und angrenzendes Mauerwerk anfeuchten: So wird dem Beton nicht so schnell das Wasser entzogen. Durch Rütteln, Stochern, Stampfen oder Klopfen wird der Frischbeton verdichtet. Besonders sorgfältig muß man dabei in den Ecken und längs der Schalung vorgehen. Es entweichen die enthaltenen Luftblasen, und der Beton bekommt ein gleichmäßig dichtes Gefüge. Auch bei dieser Arbeit sollte eine erfahrene Hilfskraft auf der Baustelle sein. Wichtig: Den Beton bis zum genügenden Erhärten gegen schädliche Einwirkungen (Abkühlen, Erwärmen, Austrocknen, starken Regen und Erschütterungen) schützen. Eine Abdeckung aus Kunststoff-Folien lindert Witterungseinflüsse. Bei sehr hohen Außentemperaturen sollte man den Beton feuchthalten.

Lieferbeton oder selbst mischen? Kostenmäßig wenig Unterschied

Fertig gemischter Beton, den man sich anliefern läßt, ist in Konsistenz und Güte meist gleichmäßiger als selbstgemischter. Zudem besteht preislich kaum ein Unterschied. Und darauf müssen Sie bei der Bestellung von Transportbeton achten:

○ Benötigte Betonmenge berechnen.
○ Betonfestigkeitsklasse, Betoneigenschaften (zum Beispiel Wasserundurchlässigkeit, Fließbeton für Schalungssteine), Größtkorn des Zuschlags, Baustellenanschrift und Rufnummer für eventuelle Rückfragen dem Lieferwerk mitteilen.
○ Den Betoniertermin so legen, daß die Fahrzeuge nicht im Berufsverkehr steckenbleiben können.
○ Gegebenenfalls die Betonpumpe gleich mitbestellen.
○ Die Stornierungsfrist erfragen, falls der Betoniertermin kurzfristig verlegt werden muß.
○ Die Schal- und Bewehrungsarbeiten müssen abgeschlossen sein, wenn das erste Betonlieferfahrzeug auf der Baustelle eintrifft.
○ Sind genügend Verdichtungsgeräte, Schaufeln und Schubkarren vorhanden?

rippe mit Draht verbinden. Bewehrung durch Abstandhalter sichern, so daß ein Verrutschen beim Betonieren unmöglich ist. Eine Bewehrung ohne Abstandhalter ist unzulässig. Bei großen Stahlmengen Rüttel-Lücken lassen, damit der Beton später ordentlich verdichtet werden kann. Matten oder Stabstähle müssen sich in den Stoßbereichen überlappen. Die erforderliche Verankerungslänge bekommt der Selbstbauer vom Statiker mitgeteilt. Sie hängt vom Stabdurchmesser und dem Grad der Bewehrung ab. In langen Bauteilen wie zum Beispiel Ringankern sollten die Stöße parallelliegender Stabstähle nicht an derselben Stelle sitzen.
Meist wird Stahl mit kreisförmigem Querschnitt und gerippter Oberfläche eingebaut. Wo Betonstabstahl (S) und Betonstahlmatten (M) zum Einsatz kommen, legt der Statiker fest. Er wählt auch die Stahlsorten aus. Beispiel: Betonstabstahl BSt 420 S, Kurzzeichen III S.

Wer zum ersten Mal Beton mischt, sollte sich helfen lassen

Auch der Selbstbauer sollte sich für das Anrühren von Beton eine geeignete Mischmaschine besorgen (eventuell gebraucht kaufen). Damit gute Mischungen entstehen, ist es ratsam, sich die einzelnen Betonkomponenten in Portionen abzumessen, bevor es losgeht. Als erstes gibt man etwas Wasser in die Trommel, dann den Zuschlag (Kies) und zum Schluß den Zement. Es wird so lange gemischt, bis eine gleichmäßige Konsistenz entsteht.
Der Beton muß dabei mindestens eine Minute lang nach Zugabe aller Stoffe gerührt werden. Wenn Sie auf Ihrer Baustelle zum ersten Mal Beton selbst herstellen, lassen Sie sich von einem erfahrenen Baumenschen helfen.

Rezeptbeispiel für einen „B 25": Man nehme vier Teile Kies …

Für Beton der Kategorie „B 25" (beim Einfamilienhausbau meistens ausreichend) nimmt man vier Teile (Schaufeln, Eimer) Kies der Körnung „0/16" (Abstand zwischen Bewehrung und Schalung mindestens 16 Millimeter!), ein Teil Zement (Mindestdruckfestigkeit 32,5 MN/m²) und gießt so viel Wasser hinzu, daß man die Kieselsteine im Betonmischer gerade noch trommeln hört.

© Meyer: Das selbst gebaute Haus: Rohbau, Blottner Fachverlag, Taunusstein

Merkblatt Mauerwerk (I)

Grundregel Nummer 1: Stoßfugen versetzt anordnen

Mauern werden im Verband errichtet. Das bedeutet, die Stoßfugen übereinanderliegender Schichten sind um das Überbindemaß „ü" gegeneinander versetzt anzuordnen. Das Überbindemaß „ü" errechnet sich aus der jeweiligen Steinhöhe „h": ü ≥ 0,4 x h ≥ 45 mm. So beträgt das Mindestüberbindemaß bei 25 Zentimeter hohen Steinen (0,4 mal 25) zehn Zentimeter, bei 20 Zentimeter hohen Steinen (0,4 mal 20) acht Zentimeter.

Es gibt unterschiedliche Arten von Mauerverbänden:

❍ Wände aus Porenbeton-Plansteinen, Planziegeln und Schalungssteinen werden in der Regel im „Läuferverband" errichtet. Das Überbindemaß beträgt dabei oft annähernd eine halbe Steinlänge (Stein- und Wandlänge verlaufen in einer Richtung). Durch den relativ geringen Fugenanteil ist eine im Läuferverband gemauerte Wand besonders belastbar. Sie bringt die größte Festigkeit.

❍ Beim „Binderverband" liegen die Steinlängen senkrecht zur Wandoberfläche. Daraus ergibt sich eine geringe Überbindung und eine im Vergleich zum Läuferverband nicht ganz so solide Konstruktion. Der Binderverband wird ausgeführt, wenn zum Beispiel 50 Zentimeter dicke Wände aus 50 Zentimeter langen Steinen gemauert werden sollen.

Wandanschlüsse werden stumpf gestoßen oder verzahnt

Ob man die Innenwände gleichzeitig mit den Außenwänden oder erst später hochzieht, muß individuell entschieden werden. Beide Verfahren haben Vor- und Nachteile. Wer erst die Außenmauern errichtet, hat zunächst zwar mehr Bewegungsfreiheit im Rohbau (Gerüste umstellen und Steinpaletten lagern geht einfacher), muß sich aber Gedanken über den späteren Anschluß der Innenwände machen. Dafür gibt es mehrere Möglichkeiten.

❍ Man spricht von „liegender Verzahnung" wenn die anzuschließende Wand als abgetrepptes Mauerstück in einem Rutsch mit der Außenwand errichtet wird. Die Bewegungsfreiheit geht dadurch zwar etwas verloren, der nachträgliche Wandanschluß wird aber erheblich erleichtert. Mit der „liegenden Verzahnung" werden fast immer die Außenwände miteinander verbunden.

❍ Bei der „Lochverzahnung" bleibt in jeder zweiten Reihe eine Öffnung. Dort werden später die Innenwandsteine eingepaßt.

❍ Die „Stockverzahnung" ist durch Steine charakterisiert, die aus jeder zweiten Schicht herausragen. Wichtig: „Loch- und Stockverzahnungen" sind nur zum Anschluß nichttragender Wände geeignet.

❍ Einen besonderen Stellenwert im Kapitel der Wandanschlüsse nimmt die „Stumpfstoßtechnik" ein. Dabei werden die Wände ohne jegliche Verzahnung stumpf aneinandergestoßen. In jeder zweiten oder dritten Lagerfuge müssen Flacheisen (Baustahlanker) eingemörtelt werden. Die eine Hälfte des Stahlstücks liegt in der Mörtelfuge der Außenwand, die andere Hälfte ragt nach innen. Um einer Verletzungsgefahr vorzubeugen, biegt man die herausstehenden Anker nach unten um. Erst wenn die Innenwände errichtet werden, die Flachanker Stück für Stück nach oben biegen und dann von oben in die frische Mörtelfuge drücken.

Die genauen Abmessungen und Positionen der Flacheisen errechnet der Statiker. Achtung: Wenn unterschiedliche Steinhöhen (20 Zentimeter hohe Außenwandsteine, 25 Zentimeter hohe Innenwandsteine) miteinander kombiniert werden sollen, ist es arbeitserleichternd, nur in 1,00 und 2,00 Meter Wandhöhe die Flacheisen anzuordnen, da nur dort durchgehende Lagerfugen entstehen. Fragen Sie den Statiker, ob das möglich ist. Hinweis: Die „Stumpfstoßtechnik" ist wesentlicher weniger mühsam als die „Loch- und Stockverzahnung".

Wissenswertes über Haus- und Wohnungstrennwände

Bei Doppel- und Reihenhäusern verhindern zweischalige Trennwände die Übertragung von Schall. Die Wandschalen dürfen sich an keiner Stelle berühren (Abstand etwa vier Zentimeter). Selbst Mörtelreste im Hohlraum können den Schallschutz zerstören. Unter die erste Schicht wird wie gewohnt eine Lage Sperrpappe gelegt. Zwischen die beiden Trennwände packt man Dämmplatten (Bilder oben). Tip: Nach den Bauarbeiten die Trennwände gemeinsam abdecken. So schützt man die Dämmschicht vor Regenwasser. Trennwände innerhalb eines Hauses (zum Beispiel zwischen Haupt- und Einliegerwohnung) werden meist einschalig ausgeführt. Dann wird der Schallschutz mit Steinen einer hohen Rohdichte sichergestellt. Oft werden in solchen Fällen Kalksand-Vollsteine eingesetzt, die man konventionell mit Normalmörtel vermauert (Bilder unten).

Merkblatt Mauerwerk (II)

Normalmörtel kann man selbst mischen

Im Mauerwerk hat der Mörtel zwei Aufgaben zu erfüllen: Er sorgt für den Verbund zwischen den Steinen und er gleicht Unebenheiten aus. Bei Mauerwerk aus Plansteinen sind Unebenheiten in der Lagerfuge durch die hohe Präzision bei der Herstellung weitgehend ausgeschlossen. Dort übernimmt der Dünnbettmörtel (im allgemeinen Sprachgebrauch auch „Dünnbettkleber" genannt) nur noch eine verbindende Funktion. Dünnbettmörtel kauft man als fertige Trockenmischung.
Unebenheiten bei Plansteinmauerwerk findet man nur zwischen Bodenplatte (oder Decke) und erster Steinschicht. Dort kommt Normalmörtel zum Einsatz, den man sich selbst mischen kann (siehe Tabelle).
Der Wasseranteil ist sehr stark vom Feuchtigkeitsgehalt des verwendeten Sandes abhängig. Am besten rührt man den Mörtel in der Mischmaschine an: Zunächst fünf bis zehn Liter Wasser in die Trommel füllen, dann nach und nach Zuschlagstoffe und Bindemittel dazugeben. Der Mörtel hat die richtige Konsistenz, wenn er in der Trommel wie steifer Brei, nicht jedoch wie wässrige Brühe wirkt. Zwischendurch mit Wasser regulieren. Wichtig: Nach der letzten Materialzugabe läßt man den Mörtel noch mindestens eine Minute lang mischen. Für Kellermauerwerk sollte man Zementmörtel anrühren, für die überirdisch sichtbaren Geschosse Kalkzementmörtel.

Was ist was? Mauersteine und die dazugehörigen Kürzel

Wenn der Bauprofi von „KS" spricht, meint er Kalksandsteine. An dieser Stelle nun eine kleine Auswahl weiterer, allgemein üblicher Abkürzungen:

PP = Porenbeton-Planblock,
HLz = Hochlochziegel,
SPZ = Schallschutz-Planziegel,
KS = Kalksandstein-Vollstein,
KS L = Kalksandstein- Lochstein,
Hbl = Leichtbeton-Hohlblockstein,
Vbl = Leichtbeton-Vollblock.

Hinweis: Diese Kurzbezeichnungen werden oft in Verbindung mit der Steinfestigkeitsklasse verwendet.
Beispiel „PP 2": Porenbeton-Planblock der Festigkeitsklasse 2.

Mauern werden im Verband errichtet. Dabei werden die Stoßfugen versetzt angeordnet.

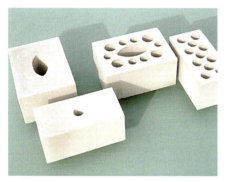

Vollstein oder Lochstein? Für Wände mit hohem Schallschutz nimmt man Vollsteine.

Mischungsverhältnis für Normalmörtel

Mörtelgruppe	Kurzbezeichnung	Bemerkung	Mischungsverhältnis in Raumteilen				Mittlere Druckfestigkeit N/mm^2
			Kalkhydrat	Hochhydraulischer Kalk, Putz- u. Mauerbinder	Zement	Sand (lagerfeucht)	
I	Kalkmörtel	Nicht zulässig für Gewölbe und Kellermauerwerk. Nicht zulässig bei mehr als zwei Vollgeschossen und bei Wanddicken kleiner als 24 cm: Bei zweischaligen Außenwänden ist die Dicke der Innenschale maßgebend. Nicht zulässig für Außenschalen.	1			3	–
				1		4,5	–
II	Kalkzementmörtel	Nicht zulässig für Gewölbe.	2		1	8	2,5
				1		3	2,5
IIa			1		1	6	5,0
				2	1	8	5,0
III	Zementmörtel	Nicht zulässig für Vermauern der Außenschale bei zweischaligen Außenwänden.			1	4	10,0
IIIa		Feuchtigkeitsunempfindlich.			1	4	20,0*

* Höhere Festigkeit wird durch Auswahl geeigneter Sande erreicht.

Merkblatt Mauerwerk (III)

Schlitze sind Querschnittsschwächungen der Mauer

Installationsleitungen und Verteilerkästen machen Schlitze und Aussparungen im Mauerwerk erforderlich. Dadurch können jedoch die Tragfähigkeit und die bauphysikalischen Eigenschaften der Wand stark beeinträchtigt werden. Die Mauerwerksnorm (DIN 1053) setzt in ihrer Ausgabe von 1990 Grenzwerte für Querschnittsschwächungen im Mauerwerk fest, die ohne statischen Nachweis zulässig sind (siehe Tabelle auf diesem Merkblatt).

Beim Herausfräsen von Schlitzen ist darauf zu achten, daß die zulässigen Abmessungen der Aussparungen auch tatsächlich eingehalten werden.

Schlitze und Aussparungen, die gleich während des Mauerns hergestellt werden, stellen die beste Lösung dar (Öffnungen heraussägen, U-Steine einbauen und so weiter). Sinnvoll ist es in jedem Fall, frühzeitig Schlitzpläne anzufertigen und diese gemeinsam mit dem Statiker zu besprechen. Hinweis: Aussparungen für Steckdosen und Schalter können in der Regel ohne statischen Nachweis mit der Bohrkrone gefräst werden.

Heben, halten, tragen, bücken: Niemals mit gebeugtem Rücken

Die körperlichen Belastungen, die ein Selbstbauer während seiner Bauzeit zu tragen hat, können auf unterschiedliche Weise reduziert werden. Durch den Einsatz selbstbaufreundlicher Materialien entfallen viele aufwendige Tätigkeiten, so daß der Bau schneller beendet wird. Damit verringert man zugleich den Zeitraum, in dem man Knochen, Muskeln und Gelenke strapaziert. Dennoch muß viel Material von Hand bewegt werden. An zwei Grundsätze sollte man sich dabei halten:

❍ Lasten hebt man immer mit geradem, gestrecktem Oberkörper „aus den Knien heraus."
❍ Die Lasten trägt man immer möglichst nah am Körper.

Wichtig: Beim Bauen regelmäßig Pausen einlegen, nie bis zur totalen Erschöpfung arbeiten. Denn der Körper übersteht Maximalbelastungen nur, wenn man ihm die Chance gibt, sich zu erholen. Weiterhin kann man, um den Körper zu entlasten, als Ausgleich zur Bauarbeit Sport treiben: gehen, wandern, radfahren (hoher Lenker, aufrechte Sitzhaltung), laufen, kraul- und rückenschwimmen.

Ohne Nachweis zulässige Schlitze und Aussparungen in tragenden Wänden

1	2	3	4	5	6	7	8	9	10
Wand-dicke	Horizontale und schräge Schlitze [1]) nachträglich hergestellt		Vertikale Schlitze und Aussparungen nachträglich hergestellt			Vertikale Schlitze und Aussparungen in gemauertem Verband			
	Schlitzlänge unbeschränkt Tiefe [3])	Schlitzlänge ≤ 1,25 m lang [2]) Tiefe	Tiefe [4])	Einzelschlitzbreite [5])	Abstand von Öffnungen	Breite [5])	Restwanddicke	Mindestabstand der Schlitze und Aussparungen von Öffnungen	untereinander
mm	mm	mm	mm	mm	mm	mm	mm	mm	mm
115	-	-	≤ 10	≤ 100		-	-		
175	0	≤ 25	≤ 30	≤ 100		≤ 260	≥ 115	≥ 2fache Schlitzbreite	≥ Schlitzbreite
240	≤ 15	≤ 25	≤ 30	≤ 150	≥ 115	≤ 385	≥ 115		
300	≤ 20	≤ 30	≤ 30	≤ 200		≤ 385	≥ 175		
365	≤ 20	≤ 30	≤ 30	≤ 200		≤ 385	≥ 240	≥ 365	

[1]) Horizontale und schräge Schlitze sind nur zulässig in einem Bereich ≤ 0,4 m ober- oder unterhalb der Rohdecke sowie jeweils an einer Wandseite. Sie sind nicht zulässig bei Langlochziegeln.
[2]) Mindestabstand in Längsrichtung von Öffnungen ≥ 490 mm, vom nächsten Horizontalschlitz zweifache Schlitzlänge.
[3]) Die Tiefe darf um 10 mm erhöht werden, wenn Werkzeuge verwendet werden, mit denen die Tiefe genau eingehalten werden kann. Bei Verwendung solcher Werkzeuge dürfen auch in Wänden ≥ 240 mm gegenüberliegende Schlitze mit jeweils 10 mm Tiefe ausgeführt werden.
[4]) Schlitze, die bis maximal 1 m über den Fußboden reichen, dürfen bei Wanddicken ≥ 240 mm bis 80 mm Tiefe und 120 mm Breite ausgeführt werden.
[5]) Die Gesamtbreite von Schlitzen nach Spalte 5 und Spalte 7 darf je 2 m Wandlänge die Maße in Spalte 7 nicht überschreiten. Bei geringeren Wandlängen als 2 m sind die Werte in Spalte 7 proportional zur Wandlänge zu verringern.

Merkblatt Dach

Während der Dachplanung die Sparrenabstände festlegen

Bereits in der Planungsphase muß man sich Gedanken über die Ausführungsdetails des Dachs machen. Wenn zum Beispiel die Dachdämmung zwischen den Sparren vorgesehen ist, sollte der Sparrenabstand so gewählt werden, daß der Dämmstoff ohne viel Verschnitt eingebaut werden kann (eventuell Dämmkeile verwenden).

Die Sparrenabstände spielen auch beim Einbau von Dachflächenfenstern eine wichtige Rolle. Wer es versteht, Dachflächenfenster und Sparrenabstand geschickt zu kombinieren, kann auf den Einbau von Wechseln im Dachgebälk verzichten.

Sparrenabstände von einem Meter lassen sogar den Einbau kleiner Gauben zu. Hinweis: Gauben sind zwar schön anzusehen, sie kosten aber auch eine Menge Zeit und Geld.

Große Sparrenabstände erfordern entsprechend stärkere Dachlatten. Deren Abmessungen (Beispiel: vier mal sechs Zentimeter) rechnet der Statiker aus.

Was ist zu tun, wenn die Regeldachneigung unterschritten wird?

Für jedes Eindeckungsmaterial gibt es eine Regeldachneigung. Darunter versteht man die untere Dachneigungsgrenze, bei der sich die Deckung in der Praxis als ausreichend regensicher erwiesen hat. Beispiele: Dachpfannen je nach Typ 22 bis 25 Grad, Biberschwanzziegel 30 Grad. Werden diese Werte unterschritten, sind Zusatzmaßnahmen erforderlich, wie etwa der Bau eines Unterdaches (Holzverschalung auf den Sparren). 10 Grad ist jedoch die unterste Dachneigungsgrenze, die auch mit Zusatzmaßnahmen nicht mehr unterschritten werden darf.

Hinweis: Dachflächenfenster benötigen für den Einbau ebenfalls eine Mindestdachneigung (meist 25 Grad). Wird dieser Wert unterschritten, kann man sich mit einem sogenannten Aufkeilrahmen helfen, der ins flach geneigte Dach eingebaut wird. Durch die spezielle Form erhält das Fenster dann eine steilere Neigung.

Bei Dachneigungen von mehr als 60 Grad müssen die Dachpfannen mit Schrauben, Nägeln oder Klammern gesichert werden. Solche zusätzlichen Sicherungen der Dachsteine sind auch bei „normal geneigten" Dächern in sturmgefährdeten Regionen notwendig. Man darf ebenfalls nicht vergessen, daß auch in schneereichen Gebieten erhöhte Anforderungen an die Dachkonstruktion gestellt werden. Der Statiker dimensioniert entsprechend der zu erwartenden Schneelasten die Querschnitte der tragenden Hölzer (Pfetten, Sparren, Dachlatten). Weiterhin muß man Schneefanggitter in die Dachhaut integrieren, wenn eine Gefährdung durch abrutschende Lawinen droht.

Schutz für tragendes Holz und für die Wärmedämmung

Für einen Dachstuhl ist in der Regel ein chemischer Holzschutz vorgeschrieben. Deshalb wird das Bauholz vor dem Einbau gegen Fäulnis, Insekten- und Pilzbefall imprägniert. Die Dachlatten besorgen Sie sich am besten auch fix und fertig behandelt.

Wichtig: Holzteile dürfen nicht direkt am Schornstein anliegen. Der Schornsteinfeger sagt, wie groß die Sicherheitsabstände sein müssen.

Für eine hinterlüftete Wärmedämmung zwischen den Sparren benötigt man eine Sparrenhöhe, die sowohl genügend Platz für eine dicke Dämmschicht (etwa 14 bis 16 Zentimeter) als auch für eine gute Hinterlüftung (rund 6 bis 10 Zentimeter) läßt. Dort, wo der Luftstrom unter der Dachhaut unterbrochen wird, müssen Lüftersteine eingebaut werden: also ober- und unterhalb von Dachflächenfenstern, Gauben und Schornstein.

So finden Sie die passenden Nägel für Dachlatten und Schalbretter

Die Tragfähigkeit eines Nagels ist von der Größe und von der Einschlagtiefe abhängig. Für Schalbretter (20 oder 22 Millimeter dick) eignen sich Drahtnägel der Länge 70 Millimeter (Durchmesser 3,1 Millimeter). Bei 24 Millimeter Holzdicke nimmt man Nägel mit den Abmessungen 3,4 mal 90 Millimeter. Schalbretter werden mit mindestens zwei Nägeln an jedem Anschluß fixiert.

Konter- und ziegeltragende Querlatten mit einer Dicke von 24 Millimetern werden mit Nägeln der Größe 3,1 mal 80 Millimeter auf den Sparren befestigt. Pro Anschluß genügt dabei ein Nagel. Dachlatten mit den Abmessungen 40 mal 60 Millimeter: Nägel mit den Maßen 3,8 mal 100 Millimeter.

Welche Dachrinne benötigen Sie für Ihr Haus?

Anzuschließende Dachgrundfläche in m²	Richtgröße (RG) für Dachrinnen, halbrund, Kastendachrinne	Fallrohr Richtgröße (RG) in mm
bis 20 m²	RG 70/10 teilig	RG 50
bis 57 m²	RG 100/8 teilig	RG 70
bis 97 m²	RG 125/7 teilig	RG 100
bis 170 m²	RG 150/6 teilig	RG 100
	RG 150/6 teilig	RG 125

Dachrinnen und Regenfallrohre sind in Richtgrößen (RG) unterteilt. Die notwendige Dachrinnengröße richtet sich nach der Dachgrundfläche (projiziert auf die waagerechte Ebene) und der Anzahl der Regenabläufe. Beispiel: Für ein Haus mit Satteldach (Länge 14 Meter, Giebelbreite 9 Meter) soll die Regenrinne dimensioniert werden. Die projizierte Grundfläche beträgt (14 mal 9) 126 Quadratmeter. Beim symmetrischen Satteldach ist jede einzelne zu entwässernde Dachfläche demnach 63 Quadratmeter groß.

Aus der Tabelle wird abgelesen: Dachrinne mit Richtgröße 125 Millimeter („RG 125/7 teilig"), Fallrohr Richtgröße 100 Millimeter („RG 100"). Wenn je Dachhälfte zwei Abläufe angeschlossen werden, beträgt die rechnerisch zu entwässernde Grundfläche je Ablauf nur noch 31,5 Quadratmeter. Dann könnte man sogar mit einer Rinne „RG 100/8 teilig" auskommen (Ablauf „RG 70"). Legen Sie nun für Ihre Dachfläche Rinnengröße und Ablaufdurchmesser entsprechend dieser Beispielrechnung gemäß Tabelle fest.

Wo finde ich was?

Abdichtung 46, 47, 48, 67, 72
Abflußstutzen 96, 97
Abrißhaus 11
Abstandhalter 17, 19, 20, 32, 33, 34, 35, 43, 58, 59
Abstandsschablone 95, 96
Abströmrohr 111
Abwasserleitung 13, 14, 15, 16, 17, 25, 30, 47, 49, 69, 70, 87
Arbeitsraumbreite 12, 18, 19
Auflockerungsfaktor 13
Ausführungsplan 29, 30
Aushub 12, 13, 14, 16, 17, 18
Auswechslung 37, 101, 104, 125
Balkon 60
Bandsäge 28, 30, 44, 87, 93, 118
Baugrube 12, 13, 14, 18, 119
Baugrubenarbeitsraum 12, 18, 19, 49, 51, 72, 73, 88
Baugrubenaushub 12, 13, 14, 18
Baugrubenböschung 12, 14, 19
Baugrubensohle 12, 13, 14, 16, 18, 19
Bauschutt 49, 55
Bauwerksabdichtung 18, 24, 25, 46, 67, 68, 72, 73, 88
Beton 120, 121
Betondeckung 120
Betonfestigkeitsklasse 120, 121
Betonpumpe 17, 21, 61, 70, 71, 73, 76, 77, 121
Betonstahl 120
Beton-Vorratssilo 71
Bewehrung 120
Bewehrung (Fundament) 16, 17, 19, 20, 66, 67
Bewehrung (Ortbetonfeld) 58, 59
Bewehrung (Ringanker) 36, 37, 40, 41, 56, 58, 92, 93
Bewehrung (Ringbalken) 32, 33
Bewehrung (Sturz) 34, 35
Bewehrung (Stütze) 52, 53
Bewehrung (Treppe) 42, 43, 45
Bewehrung (Unterzug) 58
Bewehrungskorb 17, 32, 33, 34, 35, 52, 53, 58, 75
Bitumen-Abdichtung 46, 47, 48, 72, 73, 88
Bitumenanstrich 73
Bitumen-Dichtungsbahn 46, 47, 72
Bitumenpappe 24, 25, 44, 68, 69, 84, 85, 88, 106, 107
Bitumen-Spachtelmasse 46, 47, 48, 72, 88
Bodenablauf 13, 14, 15
Bodengutachten 14
Bodenplatte 16, 24, 25, 66, 67, 84, 85, 117, 121
Bodenverbesserung 14
Böschungswinkel 12

Brüstung 34, 59
Dach 90, 92
Dacheindeckung 98, 99, 100
Dachentwässerung 96, 97, 125
Dachflächenfenster 101, 103, 105
Dachgeschoß 62, 80, 89
Dachlatten 95, 97, 99, 100, 125
Dachneigung 80, 94, 95, 125
Dachpappe 94, 106, 107
Dachstuhl 92, 93, 104, 119, 125
Dachstuhlauflager 62, 63, 80, 81
Dachüberstand 92, 94, 95, 103, 104, 105
Dämmung 36, 41, 104, 105, 106, 108, 110, 122, 125
Decke 36, 56, 72, 77, 88, 119
Deckenauflager 36, 37, 56, 71, 72, 76, 86, 88
Deckengleicher Unterzug 58
Deckenringanker 36, 37, 38, 39, 40, 41, 45, 52, 58, 63, 72, 88
Dichtungsschlämme 67, 117
Doppel-T-Träger 56, 57, 60, 76, 102, 103
Drainage 48, 49, 72
Drainageplatte 48, 49, 73
Drempel 62, 63, 77, 80, 81, 89
Druckfestigkeit 34, 120, 121
Dünnbettmörtel 22, 26, 82, 85, 86
Dunstrohraufsatz 98, 105
Ebene, versetzte 16, 18, 38, 39
Eckstein 24, 25, 26, 50, 51, 67, 68, 84, 85
Eindeckung 98, 99, 100
Elektro-Bandsäge 28, 30, 44, 87, 93, 118
Elektro-Fuchsschwanz 28, 45, 69, 78, 79, 86, 87
Entwässerung 13
Erdaushub 8, 10
Erdgeschoß 50, 74, 88, 119
Erdgeschoßdecke 56, 77, 119
Estrich 43
Fallrohr 96, 97, 98, 125
Fensteröffnung 34, 70, 87
Fertigfuß 108, 110
Fertigsturz 34, 35
Fertigteildecke 36, 38, 40, 56, 88
Fertigteiltreppe 42
Festigkeitsklasse 50, 120, 123
Feuchtigkeitsschutz 18, 24, 25, 46, 67, 68, 72, 73, 88
Filigrandecke 40, 41, 72, 73, 76, 89, 119
Filtervlies 48, 49
First 99
Flaschenrüttler 21, 61, 121
Frost 31, 77
Fugenkitt 108, 109, 110
Fundament 8, 16
Fundamenteinsatz 106, 107
Fundamenterder 20

Fundamentgraben 16, 17, 18, 21
Fundamentplatte 16, 18, 19, 20, 21
Fußbodenaufbau 43
Fußpfette 62, 63, 92, 93
Galerie 56
Garage 75
Gaube 98, 100, 103, 104, 125
Gebäude-Ecken 10, 11, 17, 24, 25, 26, 50, 51, 67, 68, 84, 85
Gebäudehöhe 18
Gefälle 13, 14, 15, 48, 49, 96
Gerüst 34, 35, 62, 63
Geschoßhöhe 34, 38, 77
Gesteinszuschlag 61, 120, 121
Giebel 62, 63, 80, 81, 89, 92, 93
Gipswandplatte 78, 79
Gitterträger 75
Glasgewebearmierung 46, 47
Grenzstein 10, 11
Großblock-Bauweise 112, 114
Grundierung 46, 47
Grundleitung 13, 14, 15, 17
Grundstücksentwässerung 13, 14, 15, 17
Gurtwickelstein 75, 77
Halbfertigteildecke 40, 41, 72, 73, 76, 89, 119
Halbgeschoß 16, 18
Hanggrundstück 10, 11, 12
Hausecke 10, 11, 17, 24, 25, 26, 50, 51, 67, 68, 84, 85
Hausentwässerung 13, 14, 15
Haustrennwand 122
Heizkörpernische 50, 51
Höhenausgleichsstein 77
Hohlkehle 46, 72, 73, 88
Hohlkörperrippendecke 72, 73
Hohlplattendecke 40, 41, 72
Holzbalkendachstuhl 92, 93, 104, 119, 125
Holzbalkendecke 77
Holz-Ziegeldecke 88
Humus 12, 13
Installationsschlitz 30, 33, 50, 70, 78, 87, 89, 124
Justierboy 84, 85, 88
Kalkzementmörtel 123
Kehlblech 100
Keller 24, 36, 66, 84, 118
Kellerabdichtung 46, 47, 72, 88
Kellerbodenablauf 13, 14, 15
Kellerdecke 36, 38, 40, 72, 88, 119
Kellerfenster 34, 70
Kellertreppe 42, 72
Kellerzugang 18, 19
Keramikrohr 109
Kitt 108, 109, 110
Kniestock 62, 63, 77, 80, 81, 89
Konterlattung 94, 95, 100, 104
Kontrollmaß 10

Kunststoff-Dachrinne 96
Kupfer-Dachrinne 96, 97, 105
Lageplan 10, 11
Lattung 92, 94, 95, 100, 104
Leerrohr 41, 73
Lichtschacht 49, 72
Lüftungsgitter 104, 105
Mantelstein 106, 107, 108, 109, 110, 111
Massivdach 102, 115, 119
Massivdach-Auflager 102, 103
Massivdach-Gaube 103, 104
Massivsturz 34, 35
Mauerpfeiler 53, 89
Mauerwerksschlitz 30, 33, 50, 70, 78, 87, 89, 124
Maurergerüst 34, 35
Merkblatt Dach 125
Merkblatt Mauerwerk (I) 122
Merkblatt Mauerwerk (II) 123
Merkblatt Mauerwerk (III) 124
Merkblatt Stahlbeton (I) 120
Merkblatt Stahlbeton (II) 121
Mindestauflagertiefe 36
Mindestbetondeckung 120
Mindestzementgehalt 120
Mischsystem 14, 15
Mittelpfette 62, 63, 92, 93
Mobilkran 17, 36, 40, 56, 92, 117
Mörtelschablone 106, 107
Mörtelwalze 85, 86
Mutterboden 12, 13
Nägel 125
Niedrigenergiehaus 52
Nivelliergerät 10, 11, 12, 18, 19, 24, 25, 50, 51, 68, 74, 84
Normalmörtel 24, 25, 44, 50, 51, 62, 68, 69, 84, 85, 106, 107, 117, 123
Ortbetonfeld 57, 58, 59
Ortgang 92, 94, 95, 96, 98, 104, 105
Pfeiler 53, 74, 75, 76, 89
Pfettendachstuhl 62, 92, 93
Plankelle 26, 27, 29
Planziegel 82, 84
Porenbeton 22, 24, 123
Porenbetondecke 36, 38, 56
Porenbeton-Großblock 112, 114, 115, 116, 117, 118, 119
Porenbeton-Massivdach 102
Porenbetonsäge 28, 30, 44, 118
Porenbetonstufen 42
Querschnittsschwächung 30, 52, 124
Rauchrohranschluß 109, 110
Raumhöhe 34, 38, 77
Regeldachneigung 125
Regenrinne 96, 97, 105, 125
Reinigungsöffnung 14, 15
Reinigungstür 108, 109
Rezept (Beton) 121
Rezept (Mörtel) 123

Stichwortverzeichnis

Ringanker 36, 37, 38, 39, 40, 41, 45, 52, 53, 58, 72, 88, 92, 93, 102, 103, 104, 105
Ringbalken 32, 33
Rinneisen 96, 97
Rispenband 92, 93
Rolladenkasten 54, 55, 75, 76, 81, 89, 103, 119
Rücken 124
Rückstauventil 14
Rüttler 21, 61, 121
Satteldach 90, 92
Sauberkeitsschicht 17, 18, 19
Säule 52, 74, 76
Schallschutz 40, 89, 122
Schallschutzziegel 89, 123
Schalung (Fundament) 17, 18, 19
Schalung (Ortbetonfeld) 57, 59
Schalung (Ringanker) 36, 37, 40, 41, 92, 93, 102, 103, 104
Schalung (Ringbalken) 32, 33
Schalung (Säule) 52, 74, 76
Schalung (Sturz) 34, 35, 70, 71, 88
Schalung (Stütze) 52, 53
Schalung (Treppe) 42, 43, 44, 45, 59, 73, 77, 118
Schalungssteine 64, 66
Schamotterohr 106, 107, 108, 109, 110, 111
Schlauchwaage 18, 19, 24, 50, 51, 74
Schleifbrett 26, 27, 28, 29
Schlitz 30, 33, 50, 70, 78, 87, 89, 124
Schnellbau-Fundament 106, 107
Schnurgerüst 12, 13, 16, 17, 24, 67, 84
Schornstein 106, 119
Schornsteinkopf 111
Sparren 92, 93, 125
Sparrenhöhe 125
Spar-Tip 12, 55, 63, 71, 99
Sperrpappe 24, 25, 44, 68, 69, 84, 85, 88, 106, 107
Stahlbeton 120
Stahlbetonkeller 66, 67
Stahlbeton-Ringanker 36, 37, 38, 39, 40, 41, 52, 53, 56, 57, 58, 60, 72, 88, 89, 92, 93, 102, 103, 104, 105
Stahlbeton-Ringbalken 32, 33
Stahlbeton-Unterzug 58
Stahlprofil 37, 39
Stahlquerschnitt 21, 121
Stahlträger 56, 57, 60, 76, 102
Standard-Versetzvorgang 110
Standrohrkappe 97, 98
Standstein 98
Steinfestigkeitsklasse 50, 123
Stirnbrett 95, 104, 105
Stoßfuge 123
Straßenkanal 13, 14, 15
Streifenfundament 16, 17, 18, 19, 117
Stülpkopf 111
Stumpfstoßtechnik 30, 31, 84, 87, 118, 122
Sturz 34, 35, 70, 71, 81, 86, 87, 88, 115
Stütze 52, 53
Tauchtechnik 86
Transportbeton 121
Traufe 94, 98
Trennsystem 14
Trennwand 30, 31, 37, 78, 79, 122
Treppe 42, 59, 61, 73, 77, 118
Überbeton 40, 58, 59, 61
Überbindemaß 122
Unterdach 94, 100, 125
Unterspannbahn 94, 95, 98, 100, 101, 104, 105
Unterzug 58
U-Schale 34, 35, 52, 53, 70, 89
U-Stein 32, 33, 62, 63, 87, 88, 89
Verband 122
Verblender 51, 52
Vermessungsarbeiten 10
Vermessungsingenieur 10
Verschiebeziegel 86, 87
Verzahnung 30, 31, 84, 122
Vollmontagedecke 40, 41
Wand, zweischalig 51, 52, 88, 122
Wärmedämmung 36, 37, 41, 50, 52, 60, 95, 104, 105, 125
Wasserzementwert 120
Wechsel 37, 101, 104, 125
Wohnungstrennwand 89, 122
Z-Abdichtung 51, 52, 88
Zahnkelle 26, 27, 29
Zement 84, 85, 120, 121
Zementmörtel 24, 69, 123
Ziegeldecke 88
Ziegel-Flachsturz 86, 87
Ziegel-Massivdach 103, 105
Zuschlag 61, 120, 121

Bildnachweise:
Arbeitsgemeinschaft Ziegeldecke: S. 88, S. 103, S. 105;
Hebel: S. 103, S. 114, S. 115;
Ökodomo: S. 6, S. 64/65, S. 66 - 81, S. 90/91, S. 92, S. 93, S. 99;
Poroton: S. 84, S. 86 - 89;
Roto Frank AG: S.101;
Schiedel: S. 106, S. 109, S. 110;
Ytong AG: S. 31, S. 115.

Der große Hausbau-Ratgeber

Schritt für Schritt zum eigenen Haus

noch besser und sicherer auch mit diesen erfolgreichen Bau-Ratgebern von **Ronald Meyer**:

Das selbst geplante Haus

Kostenbewußte Bauvorbereitung von der Grundstücksuche bis zum Baubeginn

128 Seiten, 255 farbige Bilder, Zeichnungen, Grundrisse, Übersichten, Checklisten.
Fester Einband. **DM 49,--** (öS 358,-- / sFr 46,--) / ISBN 3-89367-601-5

Das selbst gebaute Haus: Haustechnik

Eigenleistung beim Einbau der Wärme-, Wasser- und Elektrotechnik

128 Seiten, über 500 farbige Bilder, Zeichnungen, Spartips und Merkblätter.
Fester Einband. **DM 49,--** (öS 358,--/sFr 46,--) / ISBN 3-89367-603-1

Weitere Hausbau-Ratgeber in Vorbereitung:
Das selbst gebaute Haus: Innenausbau
Das selbst gebaute Haus: Außenanlagen

Blottner Fachverlag • 65219 Taunusstein

Bau-Rat für den Bau-Start

Das erfolgreiche Buchprogramm mit Praxistips und vielen farbigen Abbildungen. Großformat und fester Bucheinband.

Blottner Verlage • 65232 Taunusstein

Das Buch vom gesunden Bauen und Wohnen
Schritte zum größeren Wohnbehagen. Baustoffe, Bauweisen, Bauideen
H. Fischer-Uhlig, 152 Seiten
ISBN 3-89367-041-6

Häuser richtig planen - individuell bauen
Das Buch der Bauideen für Ihr eigenes Haus
H.-P. Bauer-Böckler, 128 Seiten
ISBN 3-89367-607-4

Küche & Bad: planen, einrichten, erleben
Tips und Ideen, Materialien und Beispiele
W. Grasreiner, 128 Seiten
ISBN 3-89367-613-9

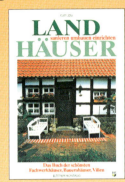

Landhäuser: sanieren, umbauen, einrichten
Das Buch der schönsten Fachwerkhäuser, Bauernhäuser, Villen
K. Jeni, 128 Seiten
ISBN 3-89367-612-0

Holzhäuser - attraktiv und individuell
Das Buch der Ideen u. Beispiele für alle Holzbausysteme
H.-P. Bauer-Böckler, 128 Seiten
ISBN 3-89367-610-4

Bauen und Wohnen mit Holz
Erfolgreiche Planung und Holzverarbeitung bei Neubau, Ausbau und Renovierung
Wilfried Berger, 144 Seiten
ISBN 3-89367-073-4

Häuser umbauen, anbauen, aufstocken
Das Buch voller Beispiele: zeitlos, modern, individuell
Kurt Jeni, 128 Seiten
ISBN 3-89367-606-6

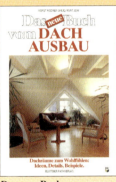

Das neue Buch vom Dachausbau
Dachräume zum Wohlfühlen: Ideen, Details, Beispiele
H. Fischer-Uhlig / K. Jeni
128 Seiten
ISBN 3-89367-609-0

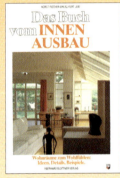

Das Buch vom Innenausbau
Wohnräume zum Wohlfühlen: Ideen, Details, Beispiele
H. Fischer-Uhlig / K. Jeni
128 S.eiten
ISBN 3-89367-063-7

Häuser ökologisch geplant - preiswert gebaut
Tips und Ideen, Materialien und Beispiele
H.-P. Bauer-Böckler,
128 Seiten
ISBN 3-89367-600-7

Das Buch der Kamine und Kachelöfen
Energiesparende Ausführungen: traditionell und modern
H.-P. Bauer-Böckler
128 Seiten
ISBN 3-89367-608-2

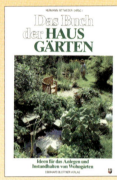

Das Buch der Hausgärten
Ideen für das Anlegen und Instandhalten von Wohngärten
H. Rittweger, 136 Seiten
ISBN 3-89367-062-9

Hausmodernisierung von A bis Z
H. Fischer-Uhlig, 384 Seiten, s/w-Abb., Format: 15 x 21,5 cm
ISBN 3-89367-031-9

Das selbst geplante Haus
Kostenbewußte Bauvorbereitung von der Grundstückssuche bis zum Baubeginn
R. Meyer, 128 Seiten
ISBN 3-89367-601-5

Das selbst gebaute Haus: Rohbau
Eigenleistung beim Hausbau vom Erdaushub bis zum Dach
R. Meyer, 128 Seiten
ISBN 3-89367-602-3

Das selbst gebaute Haus: Haustechnik
Eigenleistung beim Einbau der Wärme-, Wasser- und Elektrotechnik
R. Meyer, 128 Seiten
ISBN 3-89367-603-1

Das selbst gebaute Haus: Innenausbau
Eigenleistung vom Keller bis zum Dach. Wände, Böden, Treppen, Bad und Küche
R. Meyer, 128 Seiten
ISBN 3-89367-604-X